左传MBA

40则人性决策历史课

吴易琏 著

新华出版社

人类从历史中学到的唯一教训，
就是人类从历史中永远学不到教训。

目 录

第 II 部 领导者的故事

第 III 部 用人与人才特质

第Ⅳ部 战争策略

第Ⅴ部 内部管理

前 言

一堂重新开课的千年MBA决策学

《左传》，是一部怎样的书籍呢?

自古至今，引经据典就被视为一种智慧的象征。尤其在西方社会，从个人生活起居，职场的你来我往，运动场上的赛局博弈，商场的瞬息万变，甚至军事行动中的运筹帷幄，以及外交辞令上的机锋交错，引经据典早已司空见惯。时而通过对话，时而借助工具，引经据典甚至成为一种思考模式。因此，不论是虚构的好莱坞电影，还是每天真实发生的CNN新闻连线，“引经据典”的场景无所不在。

然而只知其然而不知其所以然，雄辩终将止于空谈。“将说话的技术升格为行为的艺术”，方为引经据典的真谛。换言之，它是一把钥匙，一把开启前人智慧积累的宝库之钥。经典，其实应该是一群人思想行动之智囊，而非文字语言的化妆师。

因此在西方，开启智慧宝库之钥，有可能是一则圣经，或者希腊罗马的神话；一句苏格拉底或是尼采的话；一段《孙子兵法》或是克劳塞维茨，以及最常见的莎士比亚作品等。

重温中国第一部“竞争史”

回到东方，我们的莎士比亚在哪里呢?

《论语》中的孔子字字珠玑，让我们承袭了生命的智慧与生活的理念。禅门的公案、戏曲的传唱、乡野奇谈与稗官野史，甚或四大奇书或六才子书，大家也耳熟能详，各有所好。然而，说到与民间生活最息息相关，甚或我们每日的言谈中，都不经意会提及的经典，到底是哪一部呢?

如果有一部罗列了“1个母集团与14个控股公司250年来经营管理的case study（个案研究）”的古书，您觉得这本书会是部值得回味一下的经典吗?

没错。它就是本书的原材料:《左传》。

让我试着这样比喻：这是一部记录一个在先秦古代中国的“家族事业”的书籍。

“周朝总公司”原本在中国西边，不过有记录的时候，总公司已经从西边迁到东边，大约在今天中国的洛阳市。为了方便管理，总公司周朝在管理范围中设立了许多“分公司”，有些是自己的亲戚，他们都姓姬；有些是收购前一家公司时留下来的老员工；也有一些是公司创立时候的功臣元老。当时的中国大概有20家分公司。

至所谓“先秦”，就是指秦朝以前;《左传》这部书，记录的距今大概有2200年了。（其实这真是一件不容易的事，两千多年的文字，我们现今竟还读得懂！）而这一部书，就是按照“时间排列”的顺序，好好地说故事（就是“编年体”），以这种说故事的方式，对照时间很清楚，不过在事件叙述中就可能跨过好几个年份才能找到一个故事的开头、过程、结果。

有可能是因为这样，所以《左传》似乎变成一部被遗忘的“华人管理学文件”。就让我们先来看看这个故事：

“吴国”分公司首席执行官名叫“阖闾”；与他邻近的竞争对手就是越国。这两家分公司地缘相近，都在另一个大型分公司“楚国”的压制下苟延残喘。不过吴国运气比较好，他们接受了另一家大型分公司晋国的帮忙，学会了自我保护，他们自己发展了射箭、战车，国防实力变强；到了阖闾时代，吴国的经济发展得已经很完善了。所以，阖闾想要扩大经营——他想并吞越国。

这样打个比方吧：晋、楚这两家分公司做的事业，是重视品牌的发展，因此时间拉长之后，他们的产品会越来越不可取代；吴、越两家分公司是代工、制造业，品牌不但很难转型，更可能随时被取代。最糟糕的是两家公司因为性质相近，还想互相并购！

接着吴国公司开始挑战越国公司，进行低价倾销，虽然是打了胜仗，不过越国哪里甘心？加上吴国自以为是，赢了越国之后，又想开始挑战楚国。吴国想用对越国的招式对楚国，强大的楚国当然是连看都不看一眼；屋漏偏逢连夜雨，趁着这时候，越国反过来抢走吴国的生意；这下子阖闾两头空，亲自去槜李这个地方照会越国首席执行官“勾践”，要找他理论。结果阖闾在谈判过程中被越国首席执行官挑衅，气得心脏病发，死了。

首席执行官突然死了，吴国只好召开临时董事会，让总经理（也就是阖闾的儿子）夫差赶紧接任首席执行官的位置。不过夫差毕竟是“富二代”，他的行事风格和白手起家的老爸不同，不免也有些奢侈享受的心态。尤其在他用计策把越国勾践逼得走投无路之后，更得意了。公司的副总“伍子胥”告诉他说，“越国和我们性质太相近了，直接让他们倒闭吧！”但他不听。他不打算让越国这家公司消失，他只是想好好折磨勾践，让他过生不如死的奴隶生活；整个越国公司好像一瞬间变成吴国公司的外包商。

3 年之后，夫差以为勾践老狗变不出新把戏了，就不再理会越国。他一意孤行，决定要跟“鲁国”这个小公司合作，再去向“齐国”这家大公司挑衅。虽然伍子胥一直劝他先把越国打趴，但夫差觉得越国已经站不起来了，索性不理越国。

后来越国开发了新产品，还特地送来吴国，所以吴国夫差觉得勾践没有威胁性。伍子胥是感念阖闾对他好，才留在这小公司；想不到夫差不听劝，最后还解了他的职，逼得他自杀了。后来的故事大家都知道，勾践不但没有倒，反而更加励精图治、振兴越国。没多久就突破难关，直接打败吴国。而且他很聪明，他不要犯夫差犯过的错，一口气直接逼死夫差，吴国公司只好宣布倒闭了。

吴王夫差与越王勾践的故事，大家也许听过了各种版本；而现在这个版本，正是《左传》里记载，原汁原味、没经过修改的版本（只除了我将国家领袖代换成公司首席执行官之外）。选这个故事，只是想让大家明白，《左传》没有那么难，很多我们身边常听到的故事，它的源头都来自《左传》。

我们也可以把《左传》想象成是华人的第一部管理个案集。如同上面你耳熟能详的故事一样，《左传》就是各个“国君首席执行官”的故事：叙述了他们怎样运用计策、怎样管理内政、怎样扩大领地、怎样做一个霸主；也有反面如夫差的故事，记载着他刚愎自用的下场。

如果用更大范围的比喻说明，那当时的“周天子”已像是一个没有实权的总公司，他虽然还被尊为天子，但实权早已经落入“地方流氓霸主国”了。

还好这些霸主国在春秋时代并不是同时称霸的，是交错的。这些霸主：齐桓公、宋襄公、晋文公、秦穆公、楚庄王，他们除了在各自的分公司管理自家产品之外，有时也把歪脑筋动到邻近小公司。可怜这些小公司，面对这样的经营权争夺战，他们连“意向书”都不用签了，直接被并吞，成为失势小股东，股票可能变成了废纸。（请参见下图）

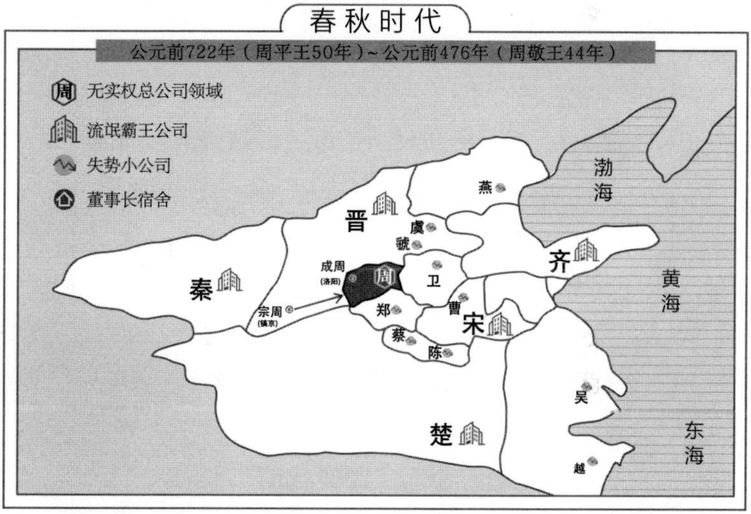

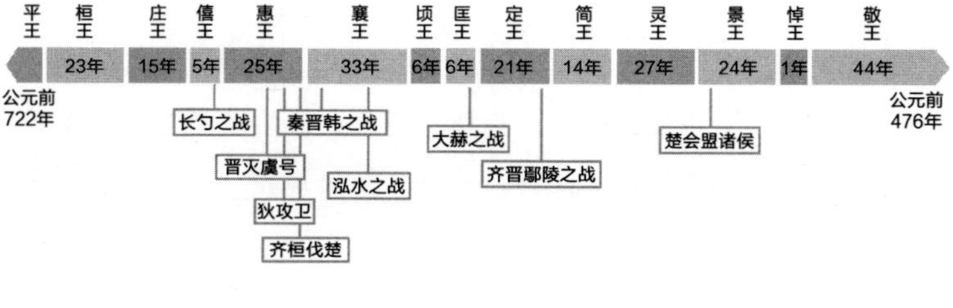

那么写《左传》这本书的作者左丘明，他又是什么样的身份呢？他就像是"集团股东会议记录官"，翔实清楚地记录着各家公司动向；不过因为他是鲁国人，所以书中就以鲁国国君的年号作为《左传》年代的记录。（参见下表）

《左传》里的"鲁国国号年代"对照表

国君年号	公元年	在位年数
隐公元年	公元前 七二二 年	在位 11 年
桓公元年	公元前 七一一 年	在位 18 年
庄公元年	公元前 六九三 年	在位 32 年
闵公元年	公元前 六六一 年	在位 2 年
僖公元年	公元前 六五九 年	在位 33 年
文公元年	公元前 六二六 年	在位 18 年
宣公元年	公元前 六〇八 年	在位 18 年
成公元年	公元前 五九〇年	在位 18 年
襄公元年	公元前 五七二 年	在位 31 年
昭公元年	公元前 五四一 年	在位 32 年
定公元年	公元前 五〇九 年	在位 15 年
哀公元年	公元前 四九四 年	在位 27 年

深植人心的"经典成语"书

在本书最初，容我向读者推荐：如果你这辈子一定要读一部史书，那请一定要考虑《左传》：它不只是研究先秦历史的重要文献，也是通过许多故事训练你在生活中、工作上做决策的参考书。

晋文公、秦穆公、子产、狐偃、管仲、晏婴等霸主、政治家、外交家、将军们的才能、品行、交涉手腕、政治手段、举手投足，在书中都栩栩如生地展现在我们眼前。

另外，《左传》对于战争的描写，也是一绝。它将战争的始末、战争中的运筹帷幄、战前的占卜、战略的运用、胜败的原因……一一透过人物之口来说明；像是吴国失败的原因、越国胜利的原因，关键点在于伍子胥的劝告，还有伍子胥的下场，就已经预告了吴国的失败。

晋朝的著名学者贺循对这本书评价时说："左氏之传，史之极也，文采若云月，高深若山海。"《左传》是研究先秦和春秋时期历史的重要文献，对后世的史学、文学也都产生了很大影响。它在历史上的重要性，就好像《红楼梦》对章回小说、《史记》对史学的发展一样重要。

像是司马迁的《史记》描述手法、叙事的方式，就受到《左传》的影响；比方说，《左传》曾经记录到晋献公的小妾骊姬，为了要扶自己的儿子为王储，于是在晚上睡觉时在献公身旁撒娇耳语——咦？《左传》的作者左丘明怎么知道他们夫妻睡前说了什么呢？像这样的手法，也使它被喻为小说始祖了。

后来，这种笔法，在《史记》里也常常看见，像是"荆轲刺秦王"的桥段，现场英雄赴死的气氛渲染、将匕首包藏在地图里献给秦王的过程，好像司马迁本人就在现场一样。

接着，让我们再回到"引经据典"这件事。

先问自己一个问题：你，会说"成语"吗？

汉语中的成语，或许是世上最特殊的一种语法。一句成语，它兼具历史故事以及内在哲学的两种含义。因此，当成语出现在文字与对话之中时，交流的除了语义，更蕴含着积累数千年的约定俗成与价值判断。简而言之，成语，就是华人世界中，被最普遍使用的"引经据典"。

像是："一鼓作气"、"退避三舍"、"尔虞我诈"、"上下其手"、"言不由衷"、"有恃无恐""鞭长莫及"、"各自为政"、"叹为观止"、"众叛亲离"、"多行不义必自毙"、"内举不避亲"……这些大家朗朗上口的成语，如果您知道这些皆出自同一部古老的经典，会不会很惊讶？换句话说，我们是否经常握着这部智囊，却从未想过"探囊取物"？

作为华人的"成语量产中心"，《左传》这部被誉为"散文之祖"的古老史书，其中的丰富故事与鲜明人物，早已深根在华人世界数千年的民族基因之中。《左传》之所以成为经典，更重要的是，这部充满丰富故事与鲜明人物的经典，尽管经过数千年，只要人性不变，其中各个主人翁面临的抉择与取舍，就还是世代人物必将面临的问题。那一句成语的背后，实则潜伏了人类数千年前世世代代的重要决策思索。

关于本书的诞生

我自己在读中文系时，因为修课的关系，才开始完整接触到《左传》这部书。

当时老师为了增加我们的阅读量，规定我们每周都要读一篇《左传纪事本末》并写心得。更有趣的是，那位老师还要兼顾训练我们的思考能力；他要求我们写的每一篇心得，都要跟生活、时事甚至是大环境结合。一开始觉得麻烦，但开始读了之后，却发现《左传》是这么有趣!

尤其当看到某些篇章如齐桓公为了打蔡国，不惜以“小妾另嫁”这种理由来发兵时，就总会想起老师在课堂上不断提到的“春秋无义战”。在那个时代（即使是现代也是一样），每一次的出战都必须要有理由，否则就会受到国际间的挞伐；然而这个出战的“理由”，真的能够构成理由吗?

大二那年的寒假作业，老师规定我们要写一篇对《左传》的小论文，对它做什么研究都可以。当时我对于《左传》的人物性格实在太感兴趣了，于是就以国家为基准，写了一篇关于各国人物的报告。毕业前，我更延续了大二时的研究，做了《论〈左传〉中人物性格的描摹特色——以春秋霸主为例》的小论文题目，最后并以这篇论文代表班级公开发表。

当然，以上只不过是分享我个人和《左传》结缘的过程，我并不是什么国学大家，在此冒昧地以这本个人改写过、较易阅读的作品呈献给各位。

由于《左传》原典是文言文，碍于这点可能让它像隔了一层纱一样让人不容易了解它，但其实它具有丰富的思想、风采，这也是我学生时代以来，之所以选择这个题材创作、研究的主要原因。

我在书中，特别拣选了日常生活中得见《左传》的名言源头，帮助人们迅速认识《左传》。另外也有其他完整有意思的故事，并加以分析；选择故事的标准，则大部分是关于领导者决策、人才与才能运用、各国战争战略、内政安排等主题的代表性篇章。希望读者们开卷后，也会和我一样发现：经过两千多年，这些《左传》故事的核心竟仍然这么贴近我们的时代，诉说着同样的重要问题!

郑国是个小国，长期以来一直夹在要“依附晋国”或是“服侍楚国”两个大国的为难之中。尤其当晋楚关系恶化的时候，至少会有一国来为难郑国，这时郑国的国君、臣子简直就“如临深渊、如履薄冰”，时时刻刻战战兢兢。

第 I 部

一句话速读左传

01 | 及时警醒 |

多行不义，必自毙，子姑待之

俗话说：“夜路走多了总会碰到鬼。”可以说就是这一句话的白话文。这句话的背景，是希望自己可以什么都不要管，老天爷自会收拾恶人？或是咬牙切齿希望对方得到报应？还是诸事皆备，只欠东风？有一天当我们用出这句话的时候（当然我们希望生活一切都很美好），又是一种什么样的态度？

这个事件是《左传》中的第一个故事。故事发生在郑国，郑武公辅佐周平王东迁，随之也在封地渐渐强盛起来。他娶了申国姜姓女子，这名女子依习惯被称为“武姜”（郑武公 + 申姜）。武姜生了两个儿子：后来的“郑庄公”及“共叔段”——也就是历史上有名的“郑伯克段于鄢”——那对自相残杀的兄弟；其实他们会走上这一步，也是因为武姜太过于偏心。

原来武姜生庄公的时候难产，吓坏了武姜，她因此不喜欢这个孩子，将他取名为寤生——永远记住这个孩子是“脚先生出来的”。3 年后又因顺利生下了共叔段，因此武姜明显差别对待：她多次向郑武公要求立共叔段为储君，不过武公没答应。庄公继位之后，武姜要求他封一块地给共叔段，几番讨价还价之后，庄公同意将京邑赐给他。共叔段开始发展自己的势力、修筑旧城，人称他为“京城大叔”。武公的旧臣“祭仲”继续辅佐庄公，他是个圆滑沉稳之人，深得庄公信任。他向庄公谏言共叔段的势力已经渐渐坐大，长此以往恐怕会危及国君地位。

庄公听劝，也只是不急不缓地说：“这块地是我母亲姜氏要我赐给他的，他倚仗母亲的宠爱扩大势力，我又有什么办法呢？”

祭仲再劝：“武姜的贪念哪里有满足的一天？不如趁早收拾了共叔段，以免祸事像野草一样蔓延开来，到那时可就麻烦了呀！”

庄公就说了这句有名的话：“多行不义必自毙，子姑待之！”意思是说，“一个人要是常做些不正当的事，总有一天会自取灭亡的，你等着看吧！”想当时他在说这句话的时候，也是抱着幸灾乐祸的心态发言吧！

不久之后，共叔段的行为越来越离谱，领地也越来越大。臣子担心政变，纷纷劝谏庄公早日拿下共叔段，庄公只是说“会让他自食恶果”，还是按兵不动。大臣们在心里干着急，也没能干涉庄公的决定。直到共叔段完成了谋取君位的准备，庄公才一举歼灭共叔段的势力；共叔段也因此逃离郑国。

这三个人同样都没有在“自己该在的位置上”。武姜为人母，因偏爱而导致兄弟相残；庄公为人兄，没有及时纠正弟弟错误的行为；共叔段为人弟，不敬兄长更图谋不轨，没有及时警醒——憾事因此来不及阻止；三人都各怀鬼胎，等着算计对方。本该是温馨的家庭，却情感薄凉走到这一步，岂不可悲?

02 | 太多无意义的会 |

苟信不继，盟无益也

贵公司常开会吗？开“完”会还总是“会而不议、议而不决、决而不行、行而不果”吗？

会议，是一种常见的意见交流、信息转达的沟通模式。公司主管通过会议，可以了解部属或合作对象的工作进度及方向；执行经理通过会议，可与工作伙伴沟通与确认执行力。好的会议可以让彼此达成共识，工作状况更加顺畅；但是过于频繁无谓的会议，不仅浪费时间，造成人员压力，一周的会议时间不在少数；更严重的则是被消耗的企业成本：会议的成本＝开会人数 × 薪资单价 × 会议时数。我们可以算一下一个不必要的会议内耗掉的成本有多惊人。

有些公司每天开早会，每周开例会，各部门间内部会、业务会报、考绩会议、宣传会议、行前会、检讨会……不胜枚举。也许这些会议并不是每个人都需要与会，但是时间冗长的会议，也的确会造成反效果：该做的事没有时间做，因此必须要加班；加班的效率却又奇差无比，造成恶性循环——还必须要开个业务检讨会议来探讨，为什么订好的目标没有达标？光看到这些令人瞠目结舌的会议，全身都要打起寒战了。而早在先秦时代的《左传》就已经告诉过我们：别开没有必要的会。

君子曰："苟信不继，盟无益也。《诗》云：'君子屡盟，乱是用长'，无信也！"这段话点出了"诚信"是两个组织的重要联结；如果没有诚信，即使不停地举行盟誓，也是无济于事的。《诗经》说："在位者若经常举行盟誓，祸乱会因此产生。"

郑国庄公时代是郑国的强盛时期，国君封了不少宠妾，因此种下了后来的王位之争的导因。庄公宠信大夫"祭（音债）仲"，许多事都交给他处理。他帮庄公迎娶了邓国曼氏，这位宠妾生下了公子"忽"；几乎是同时，宋国雍氏也将女儿嫁给庄公，生下了公子"突"。

庄公死后，公子忽继位为郑昭公；但宋国人不满，于是诱骗祭仲并囚禁他，逼宫要他改立公子突为君。祭仲迫于生命安全，只好改立公子突为郑厉公，郑昭公只好出逃。

厉公本来就和祭仲不和，加上祭仲被宋国胁迫，宋国与郑国的关系因此不善。鲁桓公为了缓和宋郑两国的紧张情势，邀请宋共同会盟；那年秋天，鲁国与宋国会盟了两次，冬天又再会盟一次，可是每一次宋国都背弃前约。鲁国终于忍无可忍，决定与郑国结盟攻打郑国，宋国因而大难临头。

前面“君子曰”的这一段，就是在分析鲁国与宋国会盟之所以失败的原因。其并不在于会盟次数的多寡，而是因为宋国不断毁约，降低了彼此间的信任，破坏自己的信用而引战上身。

一个有效的会议的前提，是在双方（对内是上司与下属，对外则是合作双方代表）有诚信的合作下完成的，否则即便会开完了，无法或者没有履约，会议也不过是浪费时间的举动。

反之，一个成功的约定，正在于真诚守信的态度，有效的盟约如《三国演义》中的刘备、关羽、张飞的“桃园三结义”一般，只消一次，就能生效。

03 | 恐惧有多昂贵？

畏首畏尾，身其余几？

“人急造反，狗急跳墙”这句话比喻人往往在走投无路的时候，肾上腺素受到刺激大量增加，原本不会的事也能突破恐惧，冒死一搏而求得生路——这句话大概就类似于“豁出去了”这样的主题。

郑国是个小国，长期以来一直夹在要“依附晋国”或是“服侍楚国”两个大国的为难之中。尤其当晋楚关系恶化的时候，至少会有一国来为难郑国，这时郑国的国君、臣子简直就如临深渊、如履薄冰，战战兢兢。

当年郑穆公在晋楚间夹缝中求存，万分艰难，有一回晋灵公召盟八国国君，却独独不见郑穆公，就是因为他认为郑穆公对他有二心，所以要给他难堪。郑国大夫“子家”就写信给晋国的大

夫“赵宣子”。他在信中不但细数郑国国君即位三年以来，尽心朝贡晋国、为晋国解决问题，表达郑国绝无二心。都已经做得如此竭力，但是晋国还是这样污蔑自己，那么我们郑国这个小国家，也只能等着晋国消灭了，没有办法再为晋国做得更多了。

“古人云：‘畏首畏尾，身其余几？’又曰：‘鹿死不择音。’小国之事大国也，德，则其人也；不德，则其鹿也。铤而走险，急何能择？命之罔极，亦知亡矣。”书信的最后就以这段话做结。意思就是说，我们虽然是小国，但是当我们决定要豁出去的话，就好像古人不屑于畏首畏尾的心态，更举了鹿如果面临险境，也无暇选择有树荫的地方就死。倘若晋国真要下这样无理的命令逼迫郑国至此，那我们郑国即使灭亡也将采取非常行动了。

这段宣告书，大概是郑国锦囊袋中的最后一计了吧！还好也确实产生了效果。晋国赵宣子收到信之后，就派遣大夫到郑国和谈，两国再度握手言和。当郑国面对生死存亡之际，颇有一种“要头一颗、要命一条”的反抗就义姿态。也的确，他们突破恐惧，换得了晋国的以礼相待，让郑国绝处逢生。

人生永远有另一个选择，但是当你做好了缜密思量后的“决定”以后，那么就大胆放手，别再害怕——谁不是一边受伤一边学勇敢的呢？南非前总统曼德拉曾说：“我学到勇气不是没有恐惧，而是战胜它。勇敢的人不是不感到害怕的人，而是征服恐惧的人。”裹足不前永远不会成长，就好像通往月球的火箭，其实有97%的时间不断地在修正航道——但是最重要的是它出发了，它前往它要去的方向；即使只有3%的时间在正确的航道上，透过修正，它还是会到达月球。

04 | 让人不存侥幸的领导 |

民之多幸，国之不幸

什么样的领导者才算是好的领导者？美国前国务卿鲍尔曾说："领导就是解决问题，当属下不再告诉你他们的问题时，就是你不再领导他们的时候了。"能够发现问题并解决问题，是衡量一个好领导者的标准。

春秋时代晋景公时，"士会"带兵剿灭了邻近甲氏、赤狄等部落，并将虏获的赤狄战俘献给周天子，为国家立下大功。景公十分倚重他的能力，让他官拜至中军及太傅；太傅是指君主的老师，中军则是拥有兵权的将领；同时景公也向周天子请命，让士会的大夫身份再晋一级，成为"卿"。士会一上任，晋国的盗贼就纷纷逃往秦国。晋国的大夫羊舌职听到这件事，忍不住夸赞士会说："我听说夏禹任用贤人之后，不善的臣民就主动离开了。士会也是这样的呀！"

《诗经》说："战战兢兢，如临深渊，如履薄冰。"这是因为有贤良的人领导着国家，所以百姓都很实在，不存侥幸之心。谚语说："'民之多幸，国之不幸也。'是无善人之谓也。"假如一个国家的百姓多存在着得过且过的想法；国中为非做歹、好逸恶劳的人多存在着侥幸心态，那么祸乱很容易生起，这就是国家的不幸了。追根究底，会发现这都是因为国家没有贤明的人领导！

古时候用德行与能力治理国家，士会辅佐国君将晋国治理得井井有条，他自己本身就是以身作则。从领导者所领导的人，可以看得出这个人的领导才能与特性；领导人的格局、思维、创新能力可以带领团队实现其愿景。但是领导者也可能像游牧民族所倚重的领头羊一样，也曾经听过领头羊不慎坠入山崖，而所有羊群跟着跌入山崖的新闻：你至少是自己的领导者，而你要将自己的羊群带到哪里去呢？

05 | 立信的重要 |

信以行，义以成命

一个人能通过“守时”、“信用卡状况”表达自己的各方面信用良窳，表示自己可以遵守诺言，展现“守信”的态度。一家公司通过“按时交货”建立信用，一个国家的政府靠“实现政见”让民众信服。中国古代很早就将“信”纳入美德展现；在秦朝商鞅变法时，通过“徙木立信”——愿意将木头从南门搬到北门的人，可以获得赏金50两；一名壮丁半信半疑地搬了，也真得到了赏金，通过这样让百姓相信新政府言出必行。

孔子也曾说过：“人而无信，不知其可也。大车无輗，小车无軏，其何以行之哉？”輗和軏都是让车子可以灵活驾驶的小零件，孔子以此比喻人如果没有信用，要怎样在社会上立足呢？这是说到做到的功夫。

古代常以割地对其他国家示好，这样的事在春秋时代屡见不鲜；但是将一块地重复给予，这种情况倒是罕见。晋国最早将汶阳以北的土地赐给鲁国，但是这块地被齐国强占，一直到齐晋鞌之战齐国战败时才还给鲁国。不过好景不长，不到六年的时间，晋国为了拉拢齐国，竟然派使者去通知鲁国说，晋国要将这块地送给齐国。

鲁国虽是小国，对于晋国这个大国仍须畏惧；但鲁国负责接待的大夫“季文子”还是忍不住对晋国使者“韩穿”说：“大国制义，以为盟主，是以诸侯怀德畏讨，无有二心。”意思是说晋国贵为诸侯盟主，要让其他各国对其忠诚不变，身为大国更应该在处理国际事务上合情合理才是。像这样出尔反尔，对于这块土地有两道不同的命令，岂不是让小国为难吗?

接着，季文子又说，“信以行义，义以成命，小国所望而怀也。信不可知，义无所立，四方诸侯，其谁不解体? ”他通过这段话，说明“信用”是推行道义的基础，而道义是为了完成使命；这两样东西是小国所期盼的。但是今天根本看不到信用，那么道义就没有办法树立，如此一来，四方诸侯国又怎能不分崩离析呢?

季文子的一段话，表达了他对晋国的渴望；他希望晋国能够思虑周全，不要背信忘义，最后落得诸侯离心的下场。

从对一块地的处理，可以看出晋国背后的思维，一方霸主前后不一：一会儿说把地还给鲁国，一会儿又说把地送给齐国。见微知著，不仅是鲁国不满，晋国的盟主地位也渐渐动摇。果不其然，没过多久，郑国叛变投靠楚国，秦国也趁乱攻打晋国，晋国的盟主地位岌岌可危。

一个人言行反复，对他产生疑惑的可能只有他周遭的人。但如果是一个执政者前后不一，那么受到影响的可就是整个国家社稷，失信于民。当然，若是两害相权则取其轻，宁可失信于敌，也不可背信于民，否则可能落得两头空。

06 | 居安思危 |

思则有备，有备无患

《书经》曰：“居安思危。”思则有备，有备无患。

《书经》里的这句话，是我们生活中耳熟能详的语句，指的是未雨绸缪，事先做好防备，即使是灾祸到来也能防备，有所准备就没有后患。而这个故事的背景，仍是郑国夹处于晋、楚之间。当郑国讨好晋国时，就会被楚国攻打；当他依附楚国时，就会被晋国追击。这段，是晋国内发生的故事。

晋悼公是晋国的中兴君王，而他之所以能再度让晋国强盛，实应归功于“魏绛”这个臣子。他除了帮助悼公不沉迷于打猎这个嗜好，更提出了与戎狄和平共处的良方，让晋国的军力免于分散，悼公也因此专心治理国家内政。

当时，晋国联合齐、鲁、卫、曹等国攻打郑国，理由正是郑国对晋国有二心，想归顺楚国。郑国一听到风声，赶紧派人来求和，因此免掉了一场战事。不久之后，郑国奉上国中精选的乐师、歌女、豪华马车及打击乐器编钟，当作是报答悼公的不战之恩。

悼公将郑国送来的礼物，一半赐给魏绛。“是你教会寡人与戎狄和平相处，且这八年间，因为有你，晋国得以九次会合诸侯，你功不可没；因为有你，这一切如奏乐般祥和，所以这些礼物寡人想与你一同分享。”

魏绛辞谢说：“能与戎狄和好，这是晋国的福气；八年之中九合诸侯，这是大王与众大夫的努力，我个人哪有什么功劳？我只盼望国君在安于太平享乐之时，可以思量到国家未来的发展。《诗经》教我们，一名快乐的君王应该治理好他附近的小国，并福禄共享；《书经》告诉我们说，要能够居安思危。安乐之时，要能想到有可能出现的危险，只要将问题思虑清楚，就能有所防备，如此就能避免后患。这些话，我斗胆拿来提醒国君您啊。”

晋悼公回答他说：“你的教导，寡人不敢不听。如果没有你，寡人现在可能还与戎狄陷入胶着，更别说能接纳他们了。再者，如果不是因为你，也不可能让郑国归服。不过，国君赏给臣子的礼物，这是国家的法令制度，早就写在先祖所记载的典籍之中，是不可废除的，所以这些礼物你还是收下了吧！”魏绛听完悼公这样说，才将礼物收了下来。

由于魏绛能有这样的忧患意识，晋悼公得其辅佐而能成大业；由此亦可以看出古人对于防患于未然的重视。培养忧患意识能帮助我们谨慎处事，即使是小事也不随便，对于自己所该学习的能扎实而稳固地将基础打好；这也是居安思危的要领。

07 | 在上位者的榜样 |

夫上之所为，民之归也

一个在上位者的作为，会对下位者产生多大的影响？这其实就是在谈“身教典范”的重要性。比方说爸爸总是对小孩说：“吃饭时间不可以看电视。”可是自己在吃饭的时候却打开电视看新闻。小孩就会疑惑：“那你吃饭的时候为什么可以看电视？”上行下效的结果就是，当爸爸不在家的时候，小孩就会在吃饭时间看电视了。

郲国是齐、鲁之间的小国，鲁襄公的时代，国际局势混乱，齐国屡掀争战。这时的鲁国忙得焦头烂额，不是忙于签订盟约，就是忙着对抗齐国。这段时间郲国多次趁其不备，攻击鲁国边境；终于逼得鲁国反击，在鲁襄公二十年出兵攻打郲国。战争没有持续太久。不过战争开打时，邾国的大夫庶其将自己在邾国的两个封城献给鲁国，以求庇护。鲁国的当政大夫季武子不但对庶其极度礼遇，还把襄公的姑姑嫁给他做妻子，他的随从也从季武子这里得到不少赏赐。

但是奇怪的是，自从庶其来到鲁国被礼遇之后，鲁国境内的盗贼就多了不少。季武子为了这件事，头痛得不得了，忍不住向负责治安的司寇（相当于司法部长）臧武仲抱怨说："现在盗贼猖狂，你为什么不好好惩治他们？"臧武仲回答他说："这些盗贼实在难以断根，我没有能力铲除他们。"他这样说，季武子简直抓狂："这不是你分内的工作吗！说没能力消灭他们是什么意思！"

好不容易将对话引到这个部分的臧武仲接着说："屡犯鲁国的邾国，他们的大夫庶其偷了他们国内的城邑来到我国，你不仅接纳他、把国君的姑姑嫁给他，还礼遇他们一行人。这不就是对外宣告说，'外面的大盗快来到鲁国，来这里我们还会热情款待你们！'这样国内的盗贼怎么可能禁绝？你礼遇盗贼，又要我歼灭他们，当然做不到了。"

"夫上之所为，民之归也。上所不为，而民或为之，是以加刑罚焉，而莫敢不惩。若上之所为而民亦为之，乃其所也，又可禁乎？”意思是说，在上位者的所作所为，正是百姓的依归；上面的人所不允许做的事，而百姓中有人做了，因此受到处罚，那么也没有人敢再做。可是这是上位者的所作所为，百姓只是跟着做而已，那其实就是上位者的诱导。如果不是因为季武子优待庶其，立下了这个不好的榜样，国内也不会盗贼四起。臧武仲通过这些话提醒季武子，上位者的一言一行百姓可都在看着！

08 | 犹豫不决、大事不成 |

弈者举棋不定，不胜其耦，而况置君而弗定乎？

关于“犹豫不决”的主题，“骑驴的父子”这个《伊索寓言》里有名的故事，每个人肯定都听过。故事讲的是：一对父子牵着驴进城，沿途的路人甲就批评他们说，“怎么这么笨，有驴不懂得骑！”于是父亲就让儿子骑上去，自己走路。遇到了路人乙，又说这儿子“不孝，让老父牵驴”。所以儿子就下来，让父亲骑驴，竟然又被路人丙说这父亲“不慈，自己骑驴让孩子辛苦”。两人决定一起骑着驴，却又被批评虐待驴子；最后两人无计可施，只好将驴子扛着进城。

卫献公十八年，因为国君残暴，国内动乱，有人发生政变推翻献公，他只得逃亡到齐国去。在齐国时他仍想回国复位，便派

人拜访卫国大夫“甯喜”，商议复位的事。甯喜已经侍奉了卫殇公，但还是答应协助献公复国。

卫国的大夫“太叔仪”知道甯喜这么做，不禁感叹：“《诗经》说：‘我躬不说，皇恤我后。’是说自己本身都还没被接纳，遑论顾念自己的后代呢！可是甯喜实在是没有为他的后代想过啊！身为一个君子，处事应该要谨慎考虑后果及可行性。《书经》说：‘慎始而敬终，终以不困。’事情从开始的时候就应该谨慎，一直到最后又十分恭敬慎重，那么最后的结果就不会让人困惑。《诗经》又说：‘夙夜匪懈，以事一人。’侍奉国君这等大事，应该从早到晚，不能有半分怠慢。但是现在甯喜把侍奉国君这件事看得连下棋都不如，最后肯定会遭到祸害的。弈者举棋不定，不胜其耦，而况置君而弗定乎？必不免矣。”最后那段更白话点说，是指：“下棋的人手执棋子若迟迟无法做决定，是不可能胜过他的对手的。更何况立国君这等大事，怎么能举棋不定呢？”太叔仪感慨着甯喜一定不能免于灾祸了。

果不其然，卫献公在甯喜的协助下复位。但是卫国又是动乱四起，不得安宁。甯喜全族也如太叔仪所预言的一样，悉数被卫献公诛灭。这一句话，虽然是说明犹豫不决，则大事不成；但更重要的是在面临大事时要思路清晰，谨慎小心地决定，才能做出正确的抉择。

做决定，是一件必须学习的事。人生无时无刻不在做决定，但是如果心中没有定见，无法认清目标，的确很容易“举棋不定”。学习不被小事、不相关的舆论“牵着鼻子走”，避免成为“举棋不定”的甯喜或是“骑驴父子”，决定“正确的行动”就是第一步。

09 ｜人性中的谦让与私欲｜

凡有血气，皆有争心，故利不可强，思义为愈

“礼”，应该做到什么程度？过少，就是俗话说的“失礼”；过多，又被人说“礼多必诈”，是有目的、有企图的。而“让”，难道就是无限退让，让人予取予求吗？

其实就以台湾最常见的大众交通工具上“让座”的事而论，也因为这样的小事，更显台湾的温馨。不过，世界各国也少有社会拥有让座的文化，如果某种“礼让”不适宜或不符合地区民情，《左传》时代的古人又认为它应该以什么为基础实行呢？

春秋时代，各国国君为了巩固势力，总会大兴氏族，封赏功臣；年代久远、代代世袭，这些贵胄自然形成派系，经常左右国家各项决策。齐国的政权，就落在栾、高、陈、鲍四大氏族的手

里。景公时代，四大家族你争我夺，互不相让。为了稳固势力，他们都想拉拢主要执政大夫“晏婴”，但晏婴会怎么选择呢?

有一回，晏婴的手下问他：“你要帮助陈氏、鲍氏他们吗？”

晏婴回答：“他们有好到值得让我去帮助他们吗？”

手下又问：“或者是要帮忙栾、高阵营吗？”

晏婴又说：“他们有比陈氏、鲍氏好到哪里去吗？”

手下的人于是接着问：“难道我们要回去吗？”

晏婴说：“国君正挨着打呢！我回哪儿去？”后来国君召了晏婴入殿，齐国内斗愈演愈烈。

战争结果出炉，栾、高被陈、鲍打败。栾、高被追杀，一路逃亡到鲁国。陈、鲍就想要将两家留下的资产据为己有；这种违反礼义之事被晏婴知道了，当然不可能坐视不理。

他告诉大夫“陈桓子”说：“这些一定要交给国君处理。谦让，是德行的主干，也是一种美德。凡是有血气的人，难免都会有争夺之心。但利益是不能强取的。只有通过道义检视自己，反观自己，才能够战胜自己这样的争夺之心。道义，必须是取得利益的根本。”

陈桓子听了，觉得晏婴苦口婆心的一席话，无不在告诫他

“不义之财不可贪”，于是他决定将搜刮的栾、高氏之财献给齐景公。然后自己告老还乡，隐居在莒。不过，他的隐居，事实上只是假象，其实是在天高皇帝远的地方对人民施惠，笼络人心，扩大自己的势力，以待时日……不过那就是另一个故事了。

事实上，“谦让”并不是放弃原则，将一切辛苦打下的江山拱手让人；而是基于“礼”的原则，进退得宜。过与不及，都是不恰当的。

10 | 掌握时机 |

困兽犹斗，况人乎?

“困兽犹斗”这句话，往往会让人以为这是个逆境中激励士气的故事；但事实上它却更像是一个成功的谋略故事。

吴军和楚军在楚国柏举对峙，敌不动我不动，谁也没有先出战。

吴王阖闾的弟弟乡夫槩（音盖）王一早就与吴王讨论军情，他说，楚国带兵的主帅是令尹（楚国高官职名，相当于军政首脑）子常，他是个不仁的人，他的兵士将领们并没有为他赴死的决心；假如在这种情形下吴国能够先发制人，楚兵一定四处逃窜，这时只要吴军乘胜追击，一定可以打他们个落花流水！但吴王并不同意，而夫槩王也并不打算遵从吴王的命令。他告诉吴王：“所谓‘臣义而行，不待命’者，其此之谓也。今日我死，楚，可入也！”

他认为他正在做的事，是合于道义的事，他不打算等待命令。甚至他已经抱持一死的心态了，不管是被国君处死或者是战死，他都要迎战楚国，杀他个措手不及。所以他带着自己的五千精兵，抢得先机攻击楚军。料事如神的他，果然亲眼见楚军大乱，主帅子常早已奔逃。吴军将楚军一路追赶到清发河边，当士兵正要痛下杀手时，夫槩王却阻止了：“困兽犹斗，况人乎？若知不免而致死，必败我。若使先济者知免，后者慕之，蔑有斗心矣。半济而后可击也。”

意思是说，受困的野兽都知道要拼死一搏了，更何况是人呢？如果他们知道自己不能免于一死的话，必然会抱着必死的决心打败我们；但是如果我们让一些士兵先过了河，后面的士兵羡慕前面的同胞已经逃过死劫，自然也就失了战斗的意志。等到他们一半的人过了河之后，完全松懈了斗志，杜绝任何反扑的可能，这个时候展开攻势，才是制胜先机。

属下们听从夫槩王的指令，吴军果然又一次大败楚军。楚军节节败退，经过五次缠斗仍无转圜余地，遂大败，吴军最后长趋直入楚国都城——郢都。

夫槩王以精准的眼光冷静审慎观察局势，并非一味莽动将敌军逼上绝路，而是耐心等待最佳的出手时机；加上其观察敌军主帅性格，才会知道楚国的令尹子常是个不仁之人，这些兵士的士气低落，将自身个人生死置之度外，此时不进攻更待何时？所以他坚持出战，从战事一开始就抢得了先机，加上夫槩王运筹帷幄、审度形势才让楚军完全没有困兽之斗的挣扎，精确算准了时机才出手，如此审慎思维、大胆善谋，这场战争又怎么可能输呢？

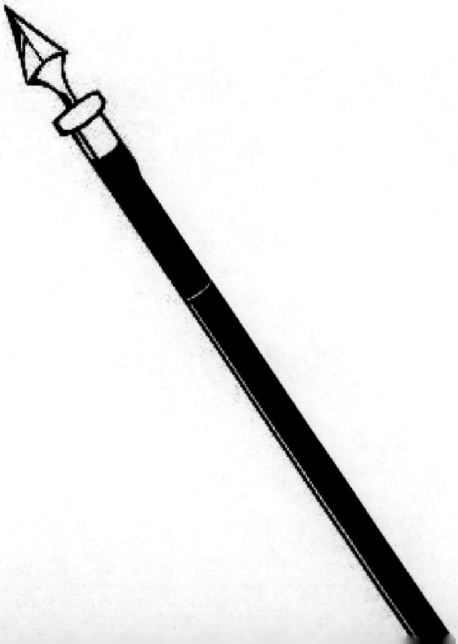

宫之奇劝谏虞君说：虢国是虞国的防护罩；如果虢国被灭了，我们也难逃亡国的命运……有句俗话说，“辅车相依，唇亡齿寒”，牙床和面骨是互相依偎……

第 II 部

领导者的故事

11 | 短视近利 |

晋灭虞虢 | 宫之奇谏假道

人性往往在危急时刻显露无疑，但所有的事件在爆发前都是有迹可循的。

晋国君臣都太清楚要用什么方式可以操控虞君，这表示虞公是属于“容易被预测”的；作为一个国家的管理者，他的贪婪是致命伤——也是置国家百姓于死地的关键点。短视近利，就会得到惨痛的教训。如果没办法看清谁是敌是友，那么至少也要认清自己的身份，否则神佛每天都要接受众人的祈祷，保佑这个、护卫那个，如果不学会保护好自己，万一一不小心别人忘了你怎么办呢?

桓公十年（公元前七〇二年）

虢公在周天子跟前，诬陷他自己的下属大夫詹父，但詹父有理，又不甘心平白被陷害，索性就率领了天子军队来打虢。虢公只好逃到虞国。

虞公的弟弟——虞叔有块美玉，虞公便要求虞叔将宝玉献给他；虞叔当然不肯，但是没过多久，他就后悔了：“（匹夫无罪，怀璧有罪）我本身是没有犯错的，错就错在我拥有这块美玉呀！我又何必因为贪恋这块玉，给自己招来杀身之祸呢？”于是就将玉献给虞公。没想到虞公贪得无厌，又要求虞叔将宝剑献给他。虞叔这时忍无可忍，认为虞公如此不满足，总有一天会因为自己没办法满足他的愿望而杀了自己，与其等到那一天，不如……先下手为强吧！趁着虞公没有防备的时候，他起兵内乱，虞公只好逃到共池去。

庄公二十六年（公元前六六八年）

这年秋天，虢人侵犯晋国。到了冬天，竟然又再一次侵犯晋国。

隔一年，晋献公决定要出兵讨伐虢国。他的臣子士萿说：“现在还不是时候。虢公是个生性傲慢的人，如果不小心让他赢了，他必定不再照顾他的百姓。不如我们就采取这样的策略吧——直到他失去了民心，我们再去攻打，如此一来，他想要抵抗的话，又有谁会理他呢？一个国家如果缺少了礼、乐、慈、爱，他们的士兵一定也很容易就士气低落；虢国本来就缺少这些良好的德行，那么，我们就等到虢君自甘堕落的好时机，再一举歼灭他，这样才能够减少对百姓的伤害。”

僖公二年（公元前六五八年）

晋国的大夫荀息请晋献公以自己国家屈这个地方所产的良马，和垂棘生产的好玉，送给虞国，好用来向虞国借路攻打虢国。

晋献公说：“这可是我国的宝贝啊……”

荀息就说了：“如果我们成功向虞国借了路，虞国就像是我们晋国在外的宝库一样。我们只是把国宝放置在外库而已。”

晋献公或许还有顾虑：“虞国还有谋士宫之奇在呀！”

荀息又说：“宫之奇这个人，个性比较懦弱，想必是不敢强力阻止虞公借路给我们的。而且他从小就陪伴着虞公，和虞公虽然亲近，但我想就算他进谏劝阻，虞公也是不会听的。”

所以晋公就派荀息去向虞国借路。他对虞公说：“冀国这个国家，残暴无道，从颠岭这个地方入侵去攻打你们鄍邑的三面城墙；我们晋国国君已经使冀国受到了教训，这也是为了替你们虞国讨个公道。现在虢国暴虐，在边界筑起了碉堡，要侵犯我国南

边的边邑。所以恳请向贵国借路，去向虢国问罪。”虞公不但借路，还请求作为先锋去攻打虢国。宫之奇虽然劝阻，但虞公还是不听。两国就起兵攻打了虢国，拿下了下阳这个城市。

僖公五年（公元前六五五年）

晋献公又要攻打虢国，因此再向虞国借路，好让晋国的军队通过。

宫之奇就劝谏虞君说：“虢国是虞国的防护罩；如果虢国被

灭了，我们也难逃亡国的命运，这样会让晋国的野心更大，这样的敌人是不可以轻视的。他们上回借一次道已经很过分了，怎么能再借一次？有句俗话说，‘辅车相依，唇亡齿寒’，牙床和面骨是互相依偎，如果没有嘴唇的话，牙齿就会受寒的！这刚好可以形容虞国和虢国的关系呀！”

虞国国君说：“晋国国君和我们是同一宗族的，他应该不会害我吧？”

宫之奇接着回答说：“大伯和虞仲分别是周太王的长子和次子，大伯不听父王的话，所以太王没有传位给他。虢仲、虢叔都是周文王的兄弟，又在朝廷为文王效力，有功在王室又受封于政府机关，如果您要论同宗的话，虢氏和周王姬姓的关联一定比我们虞国还要高、和晋国的关系一定比我们和晋国的关系还要好吧？晋侯连虢国都敢灭了，您觉得他会在乎我们虞国的处境吗？而且您认为以我们虞国和晋国的情感，会比他的亲兄弟桓叔和亲儿子庄伯还要好吗？晋公因为担心他们的野心太大而将桓庄之族都杀了，至亲都痛下杀手了，何况我们只是一个远亲的小国家呢？”

虞国国君不听，说：“我对神明很虔诚，祭祀品也都非常丰盛，我相信神明一定会护佑着我的。”

宫之奇回应：“我听说神明不会因为人的关系而亲近，而是依据这个人有没有德行来决定要不要帮助他，所以周书上说了，‘老天爷是没有私心的，他只会帮助有德的人。’又说：‘只有美好的德行是芬芳的，祭祀的祭品是不馨香的。’还说：‘就算祭品都是相同的，鬼神也会选择有德者的祭品享用。’照这么说的话，因为国君没有德行，所以百姓不会过着丰衣足食的和谐日子，鬼神也就不会来享用献给他们的祭品了。神明重视的是德行，如果今天晋国灭了我们，但是他们又能够洁身自爱、虔心修行，奉上馨香美好的祭品，这样鬼神难道要把他们的祭品吐掉吗？”

但虞国国君还是不听，大开城门让晋军通过。

宫之奇带领全族离开虞国，临走之前感叹地说，“虞国没有办法活过今年的腊月了，而且这次顺了晋国的心意，不用再另外举兵，就可以顺便灭掉虞国。”

到了冬天，晋军灭掉了虢国。在班师回朝的路上，借住在虞国，顺便发兵偷袭虞国，灭掉虞国，也俘虏了虞国国君。

在这篇史事记录中，虞虢这两个小国同样都是自不量力的。虞国国君从没有认清自己的身份，从《左传》的描述中，彻底显露了虞君的贪婪和愚蠢，因为图贿而不听宫之奇的劝告，还帮助敌人灭了自己的屏障，最终得到自取灭亡的下场，一点也不令人感到意外。

虢君则是在作茧自缚，故事以侧笔的方式展现了他的薄德，加上晋国使计让他失了民心，制造了让晋国有合理灭虢的理由。那么晋公呢？其实也不能算是什么正义化身，正因为春秋时代纷乱，国与国之间的外交本来就没有绝对的敌人或朋友，所以更是要步步为营。在这篇故事中，其实也就看见了小国的悲哀，如果虞国不借道给晋国，也许仍会被灭，但是所留下的历史记录就完全不同了。

12 ｜耽溺嗜好｜

鹤将军

这不是一个倚靠鹤打胜仗的神怪故事，相反，这是一个血淋淋的历史教训。

“尸位素餐”可以用来形容卫懿公宠爱的这些鹤，但是鹤群何辜（它们的封号可全都是懿公给的）？当国难临头的时候，卫懿公即使已经洗心革面，但也已经号令不灵了。卫国，到底会不会因此走入灭亡？

庄公二十六年（公元前六六八年）

卫国，是周王室的近支，大约在今河北省、河南省一带。在卫国的北方住的是游牧民族夷狄人，他们拥有精良的骑射技术，也因为没有农耕资源，经常南犯，找卫国的麻烦。卫惠公是卫国第十六任君主，由于他很年少的时候就继位，当时也经常受到大国欺凌。其中一件最夸张的事是，在齐僖公的威逼之下，惠公的同父异母哥哥昭伯被迫与自己的亲生母亲宣姜结婚；宣姜是齐僖公的女儿，本来许配给公子伋为夫人，没想到卫宣公（惠公的父亲）见宣姜貌美，竟拦截娶为夫人，并因此猜忌公子伋，设计将他害死，所以才会由惠公即位。昭伯和宣姜结婚后，生下了公子申、公子毁，以及宋桓夫人、许穆夫人。

宣公一辈子都在荒淫中度过；而他的孙子懿公则更是昏庸无能。这一年，懿公即位，他就是历史上非常有名的——但并不是因为贤能——而是有特殊爱好的君主：他爱鹤。

闵公二年（公元前六六〇年）

卫懿公不只是喜欢鹤而已，他根本就到了为鹤疯狂的境地了。

瞧，这些鹤那纤纤长腿、纯白的毛、尖嘴红顶、嘹亮叫声，简直就是人间最美好的存在！这些鹤，被他称为仙鹤。仿佛所有人都知道他爱鹤，只要想巴结懿公，送鹤就对了。城里城外的鹤，多达数百只。这些鹤不仅被称为仙鹤，还享有俸禄和官位；养鹤的人也都鸡犬升天，享有极高的官俸。要是懿公去访视民间，这些鹤还得“乘车”跟着懿公巡视，人们都戏称它们为“鹤将军”。

这年冬天，狄人又来进犯。懿公全面戒备，作为统帅，正面迎敌。可是就在要开打的时候，他却发现士气低落，兵卒都不听他的指令了。他大吃一惊，跟士兵们说：“开打啦！快披上战甲出征吧！为了守护卫国而奋斗吧！”

想不到士兵竟然异口同声地对他说：“派鹤将军去打仗好了。他们都享有这么高的俸禄和官位，一定比我们更适合打仗的。我们只是无名小卒，哪能打仗啊？”

“这……鹤怎么能打仗呢？”这下子懿公急了，才知道原来自己喜爱鹤过了头，百姓早已怨声载道。他像是突然醒悟了过来，但一切都来不及了，愿意出征的战士太少，卫懿公只好挂帅亲征，准备到前线应战。

临出发前，他将一块玉玦赠予大夫石祁子，象征处理国事要决断；再将一支令箭送给宁庄子，叮嘱他遇敌要懂得抵抗。他让他们两人留守城中，全权处理国务。接着，送给夫人一件绣袍，表示离别，并吩咐夫人一切听从两位大夫的指示。然后他就御驾亲征，守护百姓，当作是最后为百姓尽点心意。

身边的可用之臣，也就寥寥无几了。他让渠孔驾驶他乘坐的兵车，子伯在车右方守卫，黄夷打头阵为先锋部队，孔婴齐守在军队的后方，勉强算得上是一支看起来像样的军队。

开打了，狄人来势汹汹，卫军本来就已经士气低迷了，这下更是七零八落，手足无措。打到卫国的荧泽这个地方，卫军发现狄军怎么一下子都不见了？懿公这下可欢心了，不疑有他，便下令继续往前进攻。

所有的士兵瞬间全部往前冲，这时狄军却从黄河北岸全数迎敌！

卫军一下子被一网打尽，被杀个片甲不留。形势急转直下，懿公此时竟不收起军旗，反而还高举旗帜。没有作战经验的他，相信这样可以让侥幸还存活的军士找到他，彼此还能互相照料，却没想到这样反而暴露了自己的行踪，引来的不是同伴，而是狄人杀机。果然，懿公最后命丧战场，卫军几乎全数被歼灭。

华龙滑和礼孔是卫国的史官，在这场战役中，他们被狄人俘虏了。狄人带着他们两个到处征战，持续打击卫军。史官的身份是个不错的资源，他们知道狄人信鬼，所以就告诉狄人说："我们两个是卫国的史官，负责掌管卫国的祭祀大事。如果你们要拿下卫国，请先让我们回到国内向神灵祈求祷告，不然的话，再怎么样你们都不可能拿下卫国的。"

狄人信以为真，就放了他们回国。这两人回到国都，立刻告诉守城的石祁子和宁庄子，"狄人的兵力强大，快带上城里的百姓撤走吧！不可坐等灭亡！"当天夜幕低垂，石祁子和宁庄子带领全城百姓撤离国都。狄人占领了卫都，还不肯善罢甘休，欲赶尽杀绝，在黄河渡口这个地方再一次打败卫人。

卫国人在夜里渡河，宋桓公因为夫人是来自卫国，因此特地在黄河边接应这些逃离狄人攻势的卫国难民。确定平安之后，石祁子和宁庄子清点遗民，国都逃出来的只剩下七百三十人。加上卫国共地和滕地两个地方的居民，总共也不过五千人。他们在曹地这个地方暂时寄居，作为临时国都，拥立公子申为戴公。

这时候，齐桓公才收到消息，知道卫国已经家破人亡，大为吃惊。

因为齐与卫也有姻亲关系，桓公便派自己与卫姬所生的孩子——公子无亏领着三百辆车、三千精兵到曹地去戍守。送给戴公四匹马，五套祭服，牛、羊、猪、鸡、狗各三百头，以及建造门户的材料协助重建卫国；此外，还送给夫人一辆鱼皮装饰的车子及锦缎三十匹。但卫国的苦难还没结束，戴公即位没多久就暴毙了；于是就立了他的弟弟公子毁为文公，而文公与齐国的关系良好，文公以训练农民、加强通商、奖励工人、重视教育、任用贤才等措施努力复兴，加上齐国的支援，鲁僖公二年，霸主齐桓公终于帮助卫国在楚丘（今河南濮阳）复国，不再流离失所。

一个国家的领导人私德究竟与他治理国家的能力有没有关系?

卫宣公好女色，将原本要许给儿子的老婆抢过来，还害死自己的儿子。

因为卫懿公私心爱好，卫国竟陷入万劫不复。

卫文公力图精进、奋力治国，卫国得以复国。

在《左传》中，处处可见因领导者私德欠佳而影响国势，或者完全相反的故事。很重要的原因是因为中国人深植了五千年的文化脉络：正心、修身、齐家、治国、平天下；领导人缺乏私德也许并不会影响能力，但会造成身边的人不安，一旦集体不安的情绪形成，乱象就开始产生了。别忘了，君主行为可是会以放大镜被检视的！

13 | 迂腐的祸害！ |

泓水之战 | 宋襄公仁义之师

宋襄公的野心一直都存在，可是若要成为霸主，国力、仁德、精准的判断能力及调停国际事务的技巧，缺一不可。他只想享受身为霸主的权力，却没想过自己无法胜任身为霸主的责任；这两者是密不可分的呀！

从这场战争，来看看《左传》如何通过子鱼的贤能与聪慧，来衬出襄公的迂腐与愚昧。

僖公十七年至十八年（公元前六四三至前六四二年）

僖公十七年十月，齐桓公与世长辞，结束了霸主的一生。齐国内乱，宋襄公在隔年帮助齐国立了齐孝公，希望能由此慢慢成为霸主，无奈宋国仍是个小国，小国争盟，简直就是加速灭亡，根本没有能力继承霸主地位。

但宋襄公的野心，仍从这个时候显露；此时的楚国，已经由南方渐渐将疆域扩大到中原，襄公正想通过率领诸侯军压制楚国，以奠定国际地位。但这分明是以卵击石，自不量力。

而郑国在楚国强大起来之后，渐渐依附楚国。楚国赐给郑国铜，但又后悔，担心郑国会因此强大，所以嘱咐他们不可用来制作兵器，所以郑国就以楚国送的铜做了三口大钟。

僖公二十二年（公元前六三八年）

这年夏天，宋襄公率领许、卫等国出兵攻打郑国。襄公的哥哥子鱼十分担心这件事将会成为宋、楚两国的战端。果然，楚国对此十分愤怒，决心要攻打宋国来救援郑国。

子鱼是掌管宋国军事大权的大司马，他评估过后认为这场战争没有胜算，于是劝阻宋襄公："上天不保佑宋国已经很久了，我知道您想靠这次战争来振兴国力，但这是不可能的。还是不要和楚军作战吧！"

宋襄公心意已决，对于子鱼所说的话，他连一个字也听不进去。终于在这一年十一月一日，宋军和楚军在泓水（位于今河南柘城县）交战。宋军已经摆好阵势，随时准备应战。楚军还没有完全渡河。

子鱼看眼前这阵势，要国君不打这仗是不可能的了。于是他评估了双方军力，认为现在是出击的最佳时机，“国君，楚军的兵力比我们多很多，趁他们现在还没有完全渡过河来，快下令攻打吧！”

宋襄公左顾右盼了一会儿，坚定地说：“不可以，现在还不是时候。”

等到楚国大军全都渡过河来，正有些混乱地整备时，子鱼再一次地进言：“国君哪！趁他们现在刚渡河还没完全准备好，快下令进攻吧！”

子鱼以为这是以寡击众而可以获胜的最后机会了，但宋襄公仍然不同意。

等到楚军都已经整顿完毕，襄公才下达指令可以攻击。结果，宋军大败，襄公的大腿受了伤，保护他的侍卫们则全军覆没，无一幸免。

宋国国民全都责怪襄公，没想到襄公竟然这样回应：“首先，君子不会去伤害已经受了伤的敌人；其次，他也不会去抓头发已经斑白的敌人；最后，古时的用兵之道，就是不能倚靠险阻的情况来取胜。我虽然身为亡国者商朝的后代，可是我们不能对还没准备好的军队攻击呀！”

对于襄公这一套讲究“仁义”的作战方针，子鱼简直快气炸了：“国君您还真是一点都不懂得作战的要领啊！那些强敌遇到阻碍还无法前进，这是上天在帮助我们。利用这样的机会进攻，不也可以吗？恐怕是我们还赢不了呢！而且你所见的这些与我们争强的人，都是我们的敌人；即使是年纪很大的敌人，能俘虏的就应该擒拿他们，为何因为他们头发花白就原谅他们？让我们的士兵明白战败是可耻的、教他们作战的方法，这些不都是为了阵前杀敌吗？如今敌人受伤而还没死，怎么可以因此不再杀伤他们？

如果不忍心再杀伤他们，那么不如一开始就不要杀伤；如果怜悯上战场的老人，那么干脆一开始就认输投降吧！两军打仗，哪有什么仁义可言？打仗时，应该要抓住对我军最有利的时机应战，锣和鼓是军中用来号令进军和退兵的，同样也可以用来鼓舞士气。既然作战要利用时机，那更应该乘敌人遇上阻滞时下令进击。既然作战击鼓，是为了提振士气去杀伤敌军，那么对还没有摆好阵势的敌人，也同样应该进攻啊！否则，就会像我们宋国今天这样，败得一塌糊涂啊！”

原以为宋襄公两度不同意子鱼的进谏，是因为宋国有秘密武器，没想到只是宋襄公不知变通，根本胸无点墨！他所提出的三点不能进攻的理由，简直就迂腐到让人捧腹大笑的地步。

打仗时，对敌人的仁慈就是对我军残忍，不求赢的话，就只有被击溃。不过有趣的事是，宋襄公却也是因为这些而留名青史，被公羊家学者列为春秋五霸之一。同样地，在管理守则中，过程也许重要，但实际收到的效果则必须是管理人才更需要重视的。如果同样的方法行不通，还要灵活变通，才能带领部下到达成功的彼岸哪！

子鱼则是这个故事中脑袋清醒的人物；他先是评估实力劝阻不要对垒，再是认清用兵的时机，只是宋襄公固执驽钝，白白浪费了一个优秀人才。子鱼最后这一段精辟的言论，就值得回味再三。可惜宋国在这场战争惨败之后，加上本来就不太强盛的国力，是再也没有站起来的机会了。

14 | 人性的弱点 |

骊姬谋立奚齐

皇宫里钩心斗角的故事很多，但没见过这么毒辣的。只是，人们总会责备女人心狠，却从没想过，在那个时代，如果没有男人的允许，容得了这个女人嚣张为恶吗？如果晋献公听得进劝谏，也许骊姬造成的伤害不会这么大，也不至于造成晋国这场空前的动乱，只可惜，千金难买早知道。

庄公二十八年（公元前六六六年）

晋献公是晋国第十九位君主，在他当政的时代，晋国已经能算是个强国了。他曾与父亲的妾室齐姜通奸，生下了“秦穆姬”与太子“申生”。后来他又在戎国娶了两名女子，分别生下“重耳”和“夷吾”两个儿子。

这一年，他起兵攻打骊戎（在今陕西临潼县东方），骊戎国为了解国难，国君就把女儿骊姬献给献公，回晋国之后，她生下了“奚齐”，她的妹妹作为陪嫁则生下了卓子。

献公晚年很宠爱骊姬。她当然想让自己的儿子继承爵位，于是就用计让献公把其他的公子都送到边邑镇守，甚至还害死太子。只有她的儿子奚齐和妹妹的儿子卓子留在晋国的都城绛城里。最厉害的是，她也确实做到了让庶出的奚齐成了爵位的继承人！

僖公四年（公元前六五六年）

献公因为宠爱骊姬，当初就想立她为夫人。召来了占卜官用龟甲占卜，结果不吉；献公不满意，又让占卜官用蓍（音施）草占筮，结果是吉祥的。献公很高兴地说，“那就以占筮的结果办吧！”

占卜官紧张了，“可是占卜是象、占筮是数，先有象才有数，所以占卜是比较灵验的啊！而且它的繇（占卜所得到的评语）辞还说了：‘专宠她的话会出乱子的，会夺去您的好事。香草和臭草放在一起，就算过了十年臭味也不会消除的啊！’您千万不能这么做啊。”好不容易通过占筮得到一个好的结果，献公当然不理会卜官的话，马上决定立骊姬为夫人。

后来献公准备将奚齐立为太子时，为了让奚齐顺利继承爵位，骊姬和中大夫“里克”早就策划好了计谋。

“国君晚上梦见了您的母亲齐姜，我想您一定要快去祭拜她，让亡者心安。”骊姬这样对太子申生说。太子是个单纯孝顺的人，一收到骊姬的消息，立即去曲沃（今山西闻喜县东）晋国先君的宗祠祭拜母亲。

祭祀大礼过后，他将祭品与祭酒送回宫里要献给父亲献公，在骊姬的算计之下，（刚好）献公此时不在宫里，他出门打猎去了。骊姬就把这些祭品收藏好，在宫内保存了六天。等到献公回来了，看到祭品他满心欢喜，感念申生一片孝心，便以酒祭地，颇有邀请齐姜同饮的意思。不料，酒洒到地面竟凸起了一小块土，说明酒有毒；献公立刻又将祭品的肉块扔给狗吃，结果狗立即暴毙；献公不敢相信，又将肉给了小臣吃，小臣也死了。

原来在献公食用之前，骊姬就已经在祭品里下毒了。如果顺利毒死了献公，太子申生脱不了干系，奚齐必能为君；没毒死，最起码也能嫁祸给太子。

眼见事情败露，骊姬在献公跟前哭着说：“这酒肉……这酒肉是太子献给您的呀！太子想要谋害您哪！”

献公大怒，太子只好逃到新城，也就是曲沃。献公就杀了太子的师傅杜原款，当作是他为师不严。

有人问申生说，“您为什么不会去抗辩呢？国君他一定会追查清楚的。”

申生只是说：“我父亲是那么喜欢骊姬啊！如果他的生活没了骊姬，肯定是寝食难安。我如果回去申辩，骊姬肯定会被定罪，他老人家一旦失去骊姬，一定不会快乐的。我又怎么能让他不快乐呢？”

“那您还是快逃走吧！”

“父亲都还没有查清楚这件事到底是怎么回事，我如果一走，不就是畏罪潜逃吗？背负着谋杀亲父的罪名出走，又有谁会愿意接纳我呢？”

这一年的十二月二十七日，太子申生在新城上吊而死。太子一死，骊姬心头大患已除，她就又开始散布其他公子的谣言，她告诉献公说，重耳和夷吾两位公子也都知道申生毒杀国君的事。献公对骊姬的话简直就是言听计从，完全是非不分了。骊姬这谣言一传出去，两位公子只好逃离京城，远离灾祸。重耳逃到蒲，夷吾逃到屈。两座城都在晋国边境。

僖公五年至六年（公元前六五五年至公元前六五四年）

刚开始，骊姬只是使计让太子的封地在曲沃，重耳在蒲而夷吾在屈；这些城都是一片荒芜，当时献公派晋国大夫士蔿（音伟）去为两位公子修筑蒲和屈两座城。士蔿不慎在筑城的时候在城墙里误放了干柴。夷吾让人通知了献公，于是献公就责备士蔿。

当时士蔿叩头回应献公："臣听说，没有丧事而哀戚，那么忧患必然相随。没有外患而筑城，仇敌就会因此加强防备，若是敌人因此加强防卫，那又何必要谨慎修城呢？"他显然是在为自己的过失开脱，但是他已经看到了一些献公所看不见的盲点。

"可是如果我不修筑城墙，那就是在这个官位上却不听国君的命令，这是不敬；但是如果修城而却巩固仇敌的力量，这是不忠哪！如果没有忠和敬，那我还要用什么来侍奉国君？《诗经》上说：'怀德怀宁，宗子惟城。'意思是说心中怀有德性就是安宁，那么公子们就是坚固的城墙，可以保家卫国。国君如果修养德行，用心巩固公子们的地位，又有什么城池比得上他们牢固？三年以后就要用兵了，哪里还需要小心谨慎地筑城呢？"最后，士蔿朗诵了这几句诗："狐裘尨（音旁）茸（音冗），一国三公，吾谁适从？"意思是说，狐裘的毛色杂乱，一个国家有三个主人，那么我应该听谁的才对？

后来，骊姬计谋得逞，逼死了太子申生，献公又听信骊姬的话，派寺人披攻打蒲城，追杀重耳。重耳说："父亲的命令是谁也不能违抗的。"接着马上就对蒲城众人宣告："抵抗的人就是我的仇敌！"跳墙逃离了蒲城；寺人披没有杀了重耳，只是将他的衣袖斩断，重耳逃到狄国。

献公也不打算放过夷吾，六年春，他就派了贾华攻打屈城，夷吾同样守不住城，和城内的人订立了盟约就出走准备逃到狄国。他的心腹郄芮说，“在重耳离开晋国之后，你们两个一起逃到狄国，恐怕国君又要多疑了。不如去梁国吧！其靠近秦国又受秦国的信任。”所以夷吾就逃到梁国去了。

士蔿是有先见之明的。他知道献公宠爱骊姬，而三位公子都不是骊姬亲生，最后一定会出问题。如果他将蒲城与屈城都修得非常坚固，内乱发生时，难保两位公子不会拥兵自重。作为一个臣子，他其实是忠于国君的。

申生是个愚孝之人，在这场宫斗之中注定是个牺牲品。只是人生最为难的事，大概都发生在献公的身上了。自古无情帝王家，献公已被骊姬玩弄于股掌之间，其他的父子、兄弟相残，这等无奈之事对他来说都已不重要，只要能够讨好骊姬就好；真的也只能说他昏庸了呀。骊姬不择手段要让奚齐为君，造成这么大的动乱到头来却也只是一场空。

也许，有些事是比这些名利权谋更重要的呢？

15 | 环境造就明君 |

退避三舍 | 晋公子重耳浪迹天涯

任何事件都可以用不同的立场来看待，学会换位思考就能多一些同理心，也能够用不同的观点来观察世界。那么，生命的高度将不会是单线进行，而是充满多面向的立体观；思想，也就在这些训练之下成形了。

僖公五年至僖公九年（公元前六五五年至公元前六五一年）

僖公五年，因晋国“骊姬之乱”后，公子们四分五裂，各自出逃。其中，流亡最久的，是公子重耳，也就是后来的晋文公。他总共出亡了十九年，先后流浪了八个国家，看尽民间疾苦，磨炼成一位睿智而成熟的君主，得群贤辅佐，成就霸业。

这年他开始流亡的生活，身边的随从只有狐偃、赵衰、颠颉（音节）、魏武子和司空季子等人。

九年，献公薨逝之后，大夫里克先后杀了骊姬之子奚齐及骊姬妹妹之子卓子，迎回夷吾为晋惠公。但自己的哥哥当了君王，重耳还是没有好日子过，甚至还被惠公追杀，不能回国，他只能继续流亡。

僖公二十三年（公元前六三七年）

这一年，惠公薨，他的儿子太子幸本是秦国人质，前一年逃了回来，即位成了怀公。怀公命令群臣不准追随公子重耳；但这道命令显然效果并不佳，怀公还因此被大夫教育了一番：这样的命令是教臣子三心二意，不利于治国。怀公不听，杀了那名大夫——狐突，他是重耳的外祖父，狐突的儿子狐毛、狐偃都跟随着重耳，狐突抗旨不愿将儿子召回，因此被杀。

狄国攻打廧（音强）咎如这个部落，带回了季隗（音伟）、叔隗两名女子，狄人就把她们送给重耳。重耳自己娶了季隗，生了伯儵（音愁）、叔刘两个儿子；将叔隗嫁给赵衰，生了赵盾。直到他要离开狄国到齐国去的时候，他都还对季隗款款深情："请等我二十五年，如果二十五年后我没有回来接你，你就改嫁吧！"

季隗一点也不愿离开重耳："我现在已经二十五岁了，再过二十五年别说改嫁，恐怕都该进棺材了吧！请你就让我等着你吧。”从自己的封地蒲逃离后，重耳一直在狄国待了十二年才离开。

这里可以看出重耳虽是豪气干云的男子汉，也有儿女私情的缠绵。在各国所遇不同的情境，也让重耳对政治产生不同的想法。但身为一个流亡公子，他也不是到每一个国家都能得到礼遇的。

去齐国的路上，他们一行人经过卫国。卫文公没有依照接待公子的礼仪对待他们。他们就从五鹿（今河南濮阳县东北）这地方准备离开卫，临行前，向这边的乡下人乞食，结果那个乡下人竟然拿了个土块给他们。公子收到土块大发雷霆，差点就要拿鞭子抽打那乡下人，被狐偃挡下来了：“得土，不就是有国的征兆吗？这是上天赐给您的呀！”于是重耳就向那个乡下人磕了个头，将土块接过放在车上。

到了齐国之后，齐桓公十分礼遇重耳。不但将本族的一名姜氏女子嫁给他为夫人，还送了他二十辆马车。重耳觉得这种生活很安定，竟不思前程了。他想待在齐国，随从们却认为这样下去不行，他们就在桑树林中私下商量要动身的事。他们没有想到养蚕的女侍正趴在桑树上工作，却把他们的计划都听得一清二楚了。女侍立刻向姜氏报告，姜氏担心女侍泄密，直接杀了她。

夫人问了重耳："你们有远行的打算吧？有人偷听到你们的计划，不过别担心，我已经杀了她了。"

谁知重耳却说："才没有那回事，我没有什么男儿志在四方的打算。"

姜氏看得出来重耳安逸的心态，于是就劝他："请您还是离开吧！怀恋妻子、安于现状，会毁掉您的前程的。"

重耳不愿离开齐国。姜氏就与狐偃合谋，将重耳灌醉，趁他不省人事的时候送出齐国。等到重耳酒醒了，发现自己已身不由己离开齐国，气得拿起长戈追杀狐偃。

可是既然都已经出来了，重耳也只好接受事实，将就着继续无边际的旅程。

一行人到了曹国。在这里，重耳受到了前所未有的屈辱。

曹共公听说重耳的肋骨长得十分紧密，连成一片，共公实在好奇到底是什么样子？他耳闻许久，早就想一探究竟了。但这毕竟是很不礼貌的事啊！重耳毕竟也还是晋国公子，裸体怎么可以随意展示给他人观赏呢？但共公竟然就在一次重耳沐浴盥洗的时候走近重耳的身边，偷看他的肋骨。

曹国大夫僖负羁的妻子知道这件事，他就对丈夫说："我观察晋国公子身边的近臣，都是足以辅国、担当重任的人，如果有这些人的帮助，假以时日，公子一定能回到晋国为君，回晋为君之后，必然能在诸侯中称霸，到那个时候，他就一定要讨伐现在对他无礼的国家了，那么曹国可能就是第一个。所以，你何不趁早向他表明你和共公不同的态度呢？”

僖负羁听了觉得妻子说得很有道理，就派人送了一盘饭菜给重耳，并在饭的下方放了一块宝玉。重耳只收下了食物，将宝玉退还给僖负羁，之后就离开曹国前往宋国了。到宋国时，襄公送了他二十辆马车。

来到郑国的时候，郑文公也没有好好接待他们。大夫叔詹就劝文公说：“我听说上天所支持的人，一般人是难以望其项背的。从晋公子的身上就有三件不寻常的事，说不定这是上天要他回到晋国当国君的征兆啊！请您还应以礼待他。

您瞧，首先同姓通婚所生下的子女多半不能昌盛，可是晋公子的父母都姓姬，公子却平安活到现在。其次，公子出门在外，但晋国内部也不平静啊！这也许是上天在为他开一条誓必回国为君的路啊！最后，晋公子身边的贤臣狐偃、赵衰和贾佗都是胜于一般人许多的能者，他们都一直守护着公子啊！更别说晋国和郑国本来就是同样爵位的国家，晋国的子弟到郑国来，本来就应善待他们，更何况他又是上天所支持的人呢？”

当然，郑文公并没有听叔詹的话。

后来一行人来到楚国，楚成王十分热情地设宴款待他们，并问重耳说：“公子您如果回到晋国当国君，要怎样回报我呢？”

重耳说：“奴隶、美妾、宝玉、绸缎这些东西，楚国多的是；鸟翎、兽毛、牛皮和象牙，更是贵国特产。那些外流到晋国的，不过也是您挑剩下来的了。您要我拿什么报答您的盛情呢？”

成王说：“哈哈，话虽然是这么说，不过您也总得拿什么回报我吧？”

重耳想了想，说：“这样好了，托您的福，若真能回晋国为君，而我们两国又不慎非得以战争相遇的话，为报答您今日盛情，我一定指挥晋国军队先退避三舍，也就是九十里。如果这样还得不到您的谅解退兵的话，那么我也只好左手执弓，右边提上弓箭袋，陪您较量一番了。”

楚国的大夫子玉听了重耳的话，他建议成王杀了公子重耳。

成王说：“晋公子志向远大却不放纵，言语温文而有礼；他的随行人员各个庄重又待人宽厚，忠诚又勤奋效力于公子。现在晋国的国君大失民心，国内外的人全都憎恨他；我听说姬姓一族就只有唐叔的后代衰落得比较慢，我想就是要由公子重耳来振兴晋国吧？如果上天要晋公子来复兴晋国，又有谁能毁了他？违背天意的话，肯定是要遭祸的。”

成王看出重耳的特性，知道他是有能力的人，于是就派人护送重耳到秦国。

秦穆公送给重耳五个女子为妾，其中他的女儿“怀嬴”也在内。怀嬴曾经在晋怀公以太子身份在秦国为人质时嫁给他，但后来怀公逃回去，嬴氏不敢跟随，所以大家才称她为怀嬴。有一次，怀嬴侍候重耳洗手，她捧着盛水的工具帮重耳浇水洗手，重耳洗好后很不客气地挥手要她离开。

她就说：“秦、晋两国本是同等地位的国家，公子凭什么看不起我？”

重耳担心秦穆公如果知道了这件事会生气，为求怀嬴原谅，他立刻脱去上衣把自己囚禁起来，以示谢罪。

又有一天，秦穆公邀请重耳赴宴，狐偃跟重耳说：“我不像赵衰那样善于辞令，您让赵衰陪您前去吧！”

宴席上，重耳朗诵了《河水》，赞扬秦国的强大，也借此表达他若回到晋国将会服从秦国的领导。秦穆公则回诵了一首《诗经》里的《六月》，表示他对重耳的期待，希望他回到晋国为君，辅佐周天子治国。

赵衰听懂了，他高声赞扬道：“重耳拜谢秦伯赏赐！”

重耳就走下了台阶，对秦穆公作揖叩首。秦穆公也走下一阶，表示不敢接受这样的大礼。

赵衰就说："您提出辅佐周天子这样重大的使命要重耳承担，重耳怎敢不拜谢您的重视啊！"

僖公二十四年（公元前六三六年）

正月，秦穆公派兵护送重耳回晋。

大军行到黄河边的时候，狐偃拿了一块美玉献给重耳："这一路走来，我服侍着您走遍天下，我很清楚有太多地方得罪您了。连我自己都知道有罪，何况是您本人呢？现在，请允许我就此离开吧！"

重耳大吃一惊，但他旋即对着河水立誓："有白水为证，我回国为君后，一定与舅舅您同心治国！"说完就将宝玉丢入河中，颇有取信河神之意。

大军护送重耳一行渡过黄河，进入晋国边境。包围了令狐（今山西猗氏县），开进桑泉（今山西临晋县东北），拿下了臼衰（今山西解县西北）。二月四日，晋怀公的军队扎营在庐柳（今山西猗氏县西北）。秦穆公派公子"絷（音直）"去晋师劝降，晋国军队就往后退，驻扎在郇（音寻，今山西猗氏县西南）。

这场战争打得十分迅速，二月十一日，狐偃与秦、晋两国的大夫在郇城签了盟约；十二日，重耳已经接管了晋军；十六日，重耳大军已经深入到曲沃；十七日，重耳到宗庙祭拜晋武公，也就是他的祖父。到了十八日，重耳派人到高梁（今山西临汾县东北）刺杀晋怀公——重耳取得晋国，成了晋文公。

在《左传》里，一气呵成叙述完了重耳十九年的流亡过程，用许多的小故事，将公子的样貌和改变写得栩栩如生。我们看到深情的、易怒的、安逸的、贤明的各种形象生动的重耳。重耳之所以能为英雄，也是拜这些人事物境所赐；也许这就是“天将降大任于斯人也”的最佳写照吧！

这一篇的人物很多，但都可以借由他们与重耳的互动，交织出一位英雄的形象。没有什么英雄可以是天生的，不经磨炼亦难成大器。

16 | 信任这件事 |

楚康王杀子南

俗话说：“伴君如伴虎。”在面对一个喜怒无常的国君时，身为国君身边的近臣很可能随时性命不保。楚康王的时代，败仗连连，加上他生性善妒多疑，面对这样的领导者，要取信于他除了猜测他的想法，还要小心不能踩到他的底线。

人很有趣的地方是，当他作为旁观者时，可以很清楚危机何在；可是当他身处高位，却容易如堕五里雾中，什么也看不见：不论前人给的教训多么深刻，就是很容易重蹈覆辙。也许就是被权力欲望蒙蔽了智慧吧！

襄公二十一年（公元前五五二年）

楚康王年少时就即位，在位十五年，这是第七年。这年夏天，楚国令尹子庚辞世——令尹在楚国，是相当于后代宰相的官职，出则统军、入则领政，是楚国不可一日或缺的。子庚死后，楚康王想让薳（音伟）子冯来接任令尹一职。

薳子冯收到内线消息，赶紧找了善于分析时局的好友申叔豫商量，申叔豫告诉他："现在国家内部宠臣太多，国君又年少，我想国家在这样的状况下是没有办法治理好的。"于是回家后，薳子冯就以患病为由辞退了楚康王派来的使者。

康王是个性喜猜疑又阴晴不定的人，他怎么能让薳子冯一句话，说不上任就不上任。于是他"好意"派了医生前去为薳子冯诊视病情。对此，薳子冯早做好了准备。那时正值酷暑，他在自家地上挖了个大洞，里面填满了冰块，把自己的床就安放在冰块上面。身上穿了两件棉衣，再套上皮袄，不怎么吃东西，就这样躺在床上。

医生诊视后，便向楚王禀告："他瘦弱得不得了啊！不过虽然瘦弱，血气却无大碍。"康王知道此时他无意出仕，于是就暂时放弃薳子冯，改用子南为令尹。

襄公二十二年（公元前五五一年）

子南成为令尹之后，特别宠信观起这个人，虽然没有增加他的俸禄，但是却送给他拉得动几十辆马车的马匹数十匹。观起是个平民，因为得到令尹喜欢，所以有个小官做，但是一般而言，庶人官职，也只能用木车单马；由此可见子南气焰嚣张。

这正是性格反复无常的楚康王最不能忍受的地雷——成群结党。楚国人人都知道子南宠信观起这件事，谣言四起，传得沸沸扬扬；所以楚康王决定要处决子南。

子南的儿子弃疾是康王的御士，康王每一次见到他，就在他的眼前流泪。

弃疾不明就理，就向康王追问："大王多次在我面前哭泣，敢问是谁惹恼了您？"

康王就告诉他："令尹所做的事，你是知道的。如果国家要征讨他，你还会留居在楚国吗？"

"杀了父亲，儿子留居，这样的人国君您还能用他吗？"弃疾明白这个消息是不能让父亲知道的，"我知道泄露消息是重罪，我是不会说出去的。"心里的惆怅可想而知。

不久，楚康王在朝廷上杀了子南，将观起处以车裂之刑——就是类似后世的五马分尸——示众。

当时罪臣尸体必须在朝上展示，不能入殓；子南的家臣就告诉弃疾说："请让我们将尊父的尸体从朝上搬回来吧！"过了三天，弃疾请求为父收尸，康王允许了。将父亲下葬之后，弃疾的仆人就问他："要出走吗？"

弃疾说："我参与了杀父计划，要走到哪里去呢？"他指的是楚康王预先透露了消息给他的事。

"那么，要留下来侍奉国君吗？"

"不，要我侍奉杀父仇人，我是怎么样也不能忍受的。"

之后，弃疾就上吊自杀了。也许只有一死，他才能解脱吧。

子南死后，楚康王再一次邀请薳子冯出任令尹。薳子冯亲信的小官共有八人，他们都没有朝廷的俸给，但是薳子冯送给他们许多马。有天他上朝遇到了申叔豫，他和申叔豫说话，可是申叔豫不但不回应，还退走。他跟上，申叔豫却没入人群之中；他又再跟随着他，但这回申叔豫直接掉头回家。

薳子冯觉得奇怪，下朝后便强拉住他问："在朝廷上你三次让我感到难堪，我因为害怕所以不敢不来见你。如果我有做错什么的地方，你不妨告诉我吧！何必躲我躲得远远的？"

申叔豫回答说："我担心不能免于罪过，又怎么敢告诉你呢？"

薳子冯问："为什么呢？"

申叔豫回答："当时观起受到子南荣宠，当子南获罪而死的时候，观起受到更可怕的车裂之刑。我怎么能不感到害怕？"

听完申叔豫简洁的回应，薳子冯吓得驾车回家都没办法走在车道上。到家之后，他立即找来了宠信八人，告诉他们说："我去见了申叔豫，他就是传说中那种可以让死人复活、让白骨生肉的高人。如果有像他一样了解我且知时势的人，就请留在我的身边，不然，就请你们都离开吧！"

他将八个亲信全都辞退，还在对他观察的楚康王收到这个消息，才对他放下心来，觉得他和子南不同，而后放心地将国政交给他。

楚康王的控制欲，除了自己的疑心病，也来自于对臣子的不信任。当国内街头巷尾传得沸沸扬扬的谣言：可能是子南成群要谋反、可能是子南放任观起欺压百姓……于是楚康王就自己"脑补"了剧情，认为子南有不忠情势，非杀了他不可。子南是树大招风，也没有摸清康王的个性，不慎招惹了杀身之祸。

在这个故事中，正是要说明"旁观者清"及"前车之鉴"这两件事。申叔豫是谨慎的智者，当他察觉危险上身的时候，立即启动自我保护机制：远离危险源——薳子冯；但他也没有忘记委婉地提醒薳子冯。而薳子冯是个聪明人，他知道第一次不是上任之机，宁可把自己身体冻伤也不愿当官；但再聪明的人，也有醉昏了的时候：那就是当他实际成为令尹、手握大权之时，如果没有申叔豫的提醒，他差点就要步子南的后尘。时时检验自己身边的危机，捕捉空气中暴风雨的气味，这可以使你明哲保身。

故事中最两难的正是子南的儿子弃疾了。背叛父亲，不孝；背叛君王，不忠。不论是哪一方，舆论、压力、自责都会逼得他走上自杀之路。如果你是弃疾，你又会怎么做呢？

17 | 企图心的拿捏 |

楚公子围郑国娶亲 | 会盟诸侯

平凡人娶亲，那是喜气洋洋的大事；但是古代政治婚姻，不但是对女性残酷，更可以是趁机毁灭他国的时机。楚国公子围娶亲是小事，重要的是后头会盟诸侯，宣告他权力在握的野心。

一个人如果完全没有野心，那也未免太过消极；有适度的野心，那叫作力图上进；但是过度的野心，那就容易全盘皆输了。

昭公元年（公元前五四一年）

这年春天，楚国的公子围出使郑国，由"伍举"做副使；顺便去娶新妇，这位新妇是"公孙段"家的女儿，因此直接在公孙段家举行仪式，公孙段被国君赐姓丰氏。公子围是谁呢？他是楚共王的儿子，楚康王的弟弟。康王死后，其子即位，任命公子围做令尹——相当于楚国一人之下万人之上的职位，除了宰相之权，同时楚王也赋予他兵符，可以说是楚国实际掌权者。

楚国派重兵到郑国娶亲，实际上就是耀武扬威。郑国人知道公子围来者不善，因此派了大夫“公孙挥”阻止公子围进城，请他就住在城外的“宾馆”。公子围带着侵略之意前来，不巧的是，此时的郑国执政大臣正是“子产”——此君也非省油的灯，不可能让楚国轻易得逞。聘礼已下，公子围就打算率兵众进城迎娶。

子产担心公子围以迎亲之名，行肆虐郑国之实，于是派了公孙挥再度辞谢大军入境：“我国的地域狭小，没有办法容纳公子您的随从，请让我们将城外荒地好好整理，建造一个合宜的婚庆之所，就让您与公孙段闺女的喜事在那儿进行吧？”

公子围碰了这样的软钉子，心中大不悦，出于礼貌，他还是派了太宰“伯州犁”对郑国回应：“我国公子围有幸来到贵国访问，又承蒙贵国国君恩赐，告诉我国公子围说：‘让丰氏将女儿嫁给你为妻。’公子围因此大摆筵席，祭告楚国先祖楚庄王、共王而来。如果让丰氏的女儿跟公子围在野外成亲，那不正是把贵国国君的恩赐抛到野外丛草之中了！这么做，也不符合对我国卿大夫应有的礼仪。不仅如此，更让我国令尹公子围蒙羞，无颜面见楚国先祖，还有什么资格做楚国的大夫？又有什么脸面回国呢？恳请贵国执政大夫再好好考虑一下！”

公孙挥听完“伯州犁”的不满，只是采取了不卑不亢的回应：“我们身为这样的小国，是没有什么罪过的。如果真要说有罪，那么就是一味地依赖大国生存，毫无防备。依靠大国让自己国内外安定，却没有想到大国只是包藏祸心地图谋吞并自己。小国在失去了长久以来大国的保护之后，受到其他国家的欺凌，这样能不让国内怨声载道吗？因此我们不惜抗拒楚君之令，使你们没办法在我们境内通行无碍。如果大国没有非分之想，能让小国安心，别说我国国内宾馆了，就是要进到丰氏宗庙也是没有问题的。”

伍举听了公孙挥一席话，知道郑国必定是有所防备，也就放弃了进攻郑国。他将盛弓袋倒悬，表示不对郑国用武之意，请求进入郑国。得到郑国允许之后，公子围就在正月十五日迎娶新妇。

迎娶仪式结束之后，公子围就开始准备诸侯会盟的事，扩大他的野心版图。

他与鲁国叔孙豹、晋国赵武、齐国国弱、宋国向戌、陈国公子招、蔡国公子归生、郑国罕虎、许国人、曹国人，在虢地会面。襄公二十七年时，诸侯曾在宋国会盟，订立弭兵合约；这一次，晋国仍以盟主的身份派代表前来参与。

晋国大夫“祁午”在会盟前，特别对赵武提醒：“当年宋国会盟时，楚国在咱们晋国之前先歃血，抢尽了风头。现在的楚国令尹，可是那言而无信的公子围，这消息传遍诸侯，人尽皆知。如果您不谨慎些，恐怕当年在宋国的历史又会重演。当时楚国的令尹，还是被诸侯信任的屈建，连这样的人都做了欺骗我国、使我国蒙辱的事，更何况是现在这个不被众人所信任的公子围呢？如果这回又让楚国在晋国前先歃血，那可真是晋国之耻、让诸侯耻笑了。

您辅佐晋国为盟主，至今也已经七年多了。这段时间您两度会盟诸侯、三次会合各国卿大夫；让齐国、狄人都愿意尊晋国为盟主，使中原华夏的东方安宁；平定西方秦、晋不合；又在杞城修建城墙。有您的辅助，军队不须劳顿就能和平；国家也就不须扩充内需，因此不疲乏。百姓没有谤言，诸侯没有怨念，天不降灾，这一切的平安都是因为您的关系。晋国已经有好名声，却以耻辱收场，这是我最害怕的事啊！真的不能不引以为鉴啊！”

赵武回应说：“您所说的一切，我受教了。只不过当时在宋国会盟，屈建他有害人之心，而我只有爱人之心。这是他们楚国当时之所以凌驾于我晋国之上的原因。今天我赵武仍然是抱持一颗爱人之心，如果楚国仍然是要做出僭（音见）越不守信用的行为，我想再也没有办法对我们造成任何伤害。我将以‘信’为本，遵循前进；就好像农夫一样，只要勤于耕耘、修圃培苗，就算有灾秧，也终会遇上丰收之年。我还听说只要遵守信用的人势必不会屈居人下，那表示我还不能真正做到守信用啊！《诗经·大雅》上说：‘不僭不贼，鲜不为则。’是说守信的人，不会去害人，因此很少能不为人榜样的。我相信，人作为别人榜样的，又怎么会为人下呢？我只担心我不能做到这点，至于楚国，我一点也不担心他们会成为祸患。”

楚国令尹公子围请求会盟仪式只要用祭品牲礼，因此要求只要宣读一下当年在宋国的盟约，把盟约放在牲礼上，这样就好。晋国人允诺了这样的请求。

三月二十五日，结盟的仪式正式开始。楚国令尹公子围以国君服装以及两名卫兵持戈保卫他。这样的排场现身，自然引起众论。

“楚国公子的服装看起来真是华美，就像个国君一样！”鲁国的叔孙豹首先发难。

“哟！两名拿戈的侍卫站在前面了！”郑国子皮接着对这样的排场感到有趣。

“楚国离宫：蒲宫前也有两名执戈卫兵，不是吗？”蔡国子家接着说。

楚国的伯州犁见大众已经骚乱，立即跳出来打圆场：“这是这次离开国家辞行时跟我国国君借来的。”

“哦？借了大概不用再还了吧！”郑国公孙挥接着讽刺。

“哼，”伯州犁不甘示弱：“你姑且去忧心你们郑国的子皙想要谋反的事吧！管到我们公子围的头上去做什么？”

“楚国先王其他子嗣都还在世呢！这样把国君之仪借了不还，你难道不担心吗？”郑国公孙挥与伯州犁唇枪舌剑。

旁人看不下去，纷纷出言阻止：“我真替两位担心哪！”齐国国子说。

陈国公子招说：“不担心会出什么事儿，我看两位乐得很。”

“这样说好了，就算知道楚国公子围别有用心好了，虽然楚国忧虑，却又能带来什么灾害？”卫国的齐子这样一说，摆明了就是看好戏的心态。

“大国发布命令，小国遵从奉行。我知道恭敬奉行就是了。”宋国左师明哲保身，不想参与争执。

“《诗经·小雅》篇里《小旻》最后一章说得好：‘不敢暴虎，不敢冯河。人知其一，莫知其它。战战兢兢，如临深渊，如履薄冰。’我照办就是了。”晋国乐王鲋（音父）这番发话，是要大家小心谨慎，别这样在背后公开议论楚国公子。

由于这一年三月，鲁国季孙氏曾进攻莒国，还占领了莒国的郓（音运）地，因此莒国人一状告上了会盟。虽然说会盟中提出来报告，实际上也只想告诉楚国，让长期支持他的楚国为自己讨个公道。楚国对晋国说："我们正在商讨之前宋国盟约和谈都还没有结束，鲁国就去攻打莒国。这不正是亵渎（音读谢，不尊敬的意思）我们的盟誓吗？在此我大胆请求，请盟主一定要杀了鲁国国使。"

晋国"乐王鲋"是陪同赵武前来与会的。他知道这件事，就想要私下向鲁国的叔孙豹索贿，索求他的衣带作为表示。叔孙豹了解乐王鲋的想法，知道他虽想救自己一命，但叔孙豹不愿意这么做。

"财货贿赂是用来保护你的，你又何必吝惜不给？"叔孙豹的家臣这么问他。

"这次的诸侯会盟，我来这里是为了保家卫国。我今天可以以财货免于一死，但如此一来，鲁国必然遭受战乱之祸。这不是给国家招来灾厄吗？还能怎么保卫它？人们修筑城墙，正是为了阻挡恶人；如今墙壁产生裂缝崩坏，是谁的责任呢？是为了保卫它而来，到头来却反倒使它遭受攻击；我的罪过，要比碎裂的墙壁多上数倍啊！我虽然对季孙有怨，但是鲁国又何辜？叔孙氏负责外交出使，季孙氏负责国政守国，一直以来都是这样。我又能抱怨谁呢？只是乐王鲋喜欢索求贿赂，不给他的话，他肯定心有不甘。"于是叔孙豹唤来使者，将自己衣裙上的上等帛撕了一块给他，并说："衣带恐怕太窄，这个带回去复命吧。"

这次代表晋国主持会盟的赵武，听说了叔孙豹巧妙拒绝乐王鲋之后，说："即使在面临祸患的时候，仍不忘国家安全，这是忠诚的表现。想到了可能遇到的危难，却没有放弃为人臣应有的节操，这是廉正的表现。为国家图谋而忘记自己可能面临死亡，这是坚贞的表现。处事能够思考上列三点，这是道义合宜的行为。一个符合这四种特质的人，又怎么可以轻易诛杀呢？"

于是赵武便向楚国诉求："鲁国纵使有罪，但他们的执事'叔孙豹'并不逃避责难，因为害怕贵国的权威就恭敬地顺从你们的命令了。你如果选择赦免了他，相信未来可以用来劝告身旁的大夫。倘若你的大臣们在国内都能不害怕困难，在国外不逃避危险，那你的国政还能有什么可忧虑的？忧患之所以产生，是因为国政有污浊却不治理，遇到灾祸却不能坚守分际，都是从这里来的啊！所以能够做到这两点，国家又能有什么忧虑？如果不能好好安置贤能的人，又有谁愿意跟从你？鲁国的叔孙豹，可以说是个贤能的人，请你赦免他来安抚其他贤才。你召开了会盟，若能赦免有罪的国家，奖励它们国中贤能的人，那么诸侯间会有谁能不开心地望着你楚国并随之归附，看待遥远的国度就如同对待亲近的国家一样好呢？

这些边境的城邑啊！一下子归顺这里，一下子归顺那里，哪有什么定数？三王五霸也都颁布过政令、划定疆域、设置官员。在城门上插上了代表城池的旗帜，也设置了法令章程。超过界线的一律责罚，这样严格都还不能让疆界统一。于是在虞舜的时代有三苗国；夏朝有观国、扈国；商朝有先（音险）国、邳（音培）国；周代则有徐国、奄国。自从没有英明的天子之后，诸侯争相竞逐、轮流做盟主，又有谁能够将边境疆域划清统一？

能够优先考虑大的祸事而不计较小过错的人，就已经足以胜任盟主了，哪里还能管得了那些鸡毛蒜皮的小事？封疆被侵略、剥削，哪个国家有这种事？这些主持台面的盟主，又有谁能管得清楚？假如今天吴国、百濮部落趁机侵略你们楚国，楚国的执事难道会念在一时盟约而不去保卫自己疆土、不去进攻他们吗？

莒国的边界之事，你们楚国就不要多问了吧。诸侯之间没有烦扰，这样难道不好吗？莒国和鲁国之间争夺郓地已经很久了，假如对他们彼此社稷百姓都没有大损害，可以不须庇护。既免除烦忧，又能赦免善人，我想没有人不去争相劝勉此事的。诚恳地希望你好好考虑一下！”

由于晋国的坚持，楚国人决定免去叔孙豹的死罪。

楚国的令尹公子围设宴招待赵武，歌诵了《诗经·大雅》的《大明》首篇：意思在暗指自己功绩显赫。赵武则以《诗经·小雅》的《小宛》第二篇回应，其中的“各敬仪态，天命不又”提醒令尹应注意自身的身份仪态，否则后果必然是失了天命。

宴席结束之后，赵武问叔向：“令尹已经自居为国王了，你怎么看？”

“楚国的国王弱、令尹强，如要篡位，应该可以成功吧！不过就算成功了，也不得善终，无法长久。”叔向这么说。

“为什么？”

“强者如他，用他的强大来战胜弱国，他觉得心安理得；然而事实上这样的强大却是不合道义的。不义而逞强，必定会加速他的灭亡。《诗经》上说：‘赫赫宗周，褒姒灭之。’像宗周这样兴盛的国家，都被周幽王的宠妃灭亡了，这是因为强而不义的缘故。令尹公子围如果做了楚王，必定寻求诸侯的拥戴；现在我们晋国是有些衰弱了呀，许多诸侯见势，一定会转而投靠他的。得到诸侯的支持，他的暴虐只会变本加厉。黎民百姓对他的残暴忍无可忍，他又怎么能够得到善终呢？他以强取豪夺的方式得到君位，不符合道义的行为却攻克君王，那他一定以为自己所做的一切都是对的、是符合道义的。但是以他荒淫暴虐的方式来治理国家，并作出非道义的行为，一定无法长久的啊！”

古代女性的婚姻，很容易被拿来当成政治的牺牲品；公子围确实是想趁娶妻之便，给郑国下马威，显示楚国的强大。还好郑国的子产应付得宜，才没有让公子围得逞。

鲁国的叔孙豹的忠心护国，反倒救了他一命。这不就说明了：当你很清楚自己所做是对的、符合应有规范的时候，就该大胆地坚持自己的原则；事情最后的结果或许会出乎意料，即使没有，你也不会觉得对不起自己。另一个值得一提的人是晋国的乐王鲋：表面上如君子般劝大家别得罪楚国公子围，私下却完全小人般地派使者去向叔孙豹收受贿赂。无奈的是，在现今扭曲的教育环境下，这样的前后不一致的人也不在少数啊!

如叔向所预料的，楚国的内政后来的确发生了大变化。公子围最后成了暴虐无道的楚灵王，他的野心趋使着他到处征战，甚至一心想做周天子。但是最后还是因为无道，落了个众叛亲离被推翻，失去一切，也失去了求生意志，最后上吊自杀。一代枭雄如此下场，不禁让人感叹。

武力争战夺权是常见的事，重点是在取得“位”之后，如何能够坐得稳？国家要能够长治久安，必然要付出相等的治理心力。否则人才流失事小，经常改朝换代、劳民伤财，基层百姓自然就怨声载道、叫苦连天了。民变、暴动，也不是新鲜事了。

宋大夫“狂狡”拿着戟为武器，在战场上遇到一个郑国士兵，那士兵吓得四处逃窜，不小心跌落了井中。狂狡把自己的戟柄送入井中，将那个郑国士兵拉了上来，结果那个士兵出井后，反而擒获了狂狡。

第Ⅲ部

用人与人才特质

18 | 口才沟通 |

烛之武退秦师

好的口才是来自清晰的逻辑思维，这样的能力是必须要练习的。如果说出口的话都能够站在对方的立场考量，那么对方真的很难不买你的账。买方和卖方的之间的不同，在于有“需求”的那一方拥有决定权。如果卖方“恳求”买方买，买方多半不愿意采取行动；但如果让买方觉得“必须”买，那么买卖的契约就会直接成立。

本故事中的烛之武是卖方，秦穆公是买方，烛之武能让秦穆公觉得自己必须退兵，他到底是用什么方法说服秦穆公的？当然，绝对不会是请求秦穆公退兵这么简单，那么，我们就看下去吧。

僖公三十年（公元前六三〇年）

晋文公和秦穆公要联合起来攻打郑国，主要有两个原因：晋文公还没当上晋国国君前，在外流亡了多年，其中经过郑国的时候曾受到郑国无礼对待；其次是郑国夹在晋楚之间，原本都是效忠晋国的，看着楚国日渐强大，郑国便对晋国有二心，想要投靠楚国，仰赖楚国的照顾。所以晋军驻守在郑国的函陵，秦军在汜水南边的营地驻扎。

郑国的大夫佚之狐告诉郑文公说："现在国家已经非常危险了！这个关键时刻如果能起用烛之武，让他去面见秦军，我想一定能保我国平安。"郑公决定这么做。但是当国君找到了烛之武，他却说："王上，我年轻的时候，您认为我不如人，不肯重用我；如今我已经垂垂老矣，这项任务请恕我无能为力。"言谈中听起来是谦让，却充满着怨怼。郑公听出弦外之音，"我没有早些任用你，到现在国家危急时才来拜托你，这是我的过失。可是郑国如果真的灭亡了，对你也是一点好处也没有的啊！"

就这样，烛之武答应了。

于是他被绳子捆住，从城墙上吊着送出城外，到秦军营地去面见秦穆公。

"秦军和晋军围攻郑国，我们很清楚郑国一定会灭亡的。但是如果灭了郑国对您有任何好处，那样您用兵还用得值。但您先想想，隔着幅员辽阔的晋国来占领我们这个遥远的小国作为您的殖民地，这样您在管理上一定会很困难的。既然如此，到时候郑国必然是交由晋国管辖，您何苦用自己的兵力来增加邻国的实力呢？一旦晋国的实力增强，等于是您本身的力量被削弱了呀。

假如您能够留下郑国，让我们郑国在秦国使臣往来间，能够提供您们的住宿招待，作为您的东道主，供应使者的资粮，这样对您来说也是没什么坏处的。而且您还记得吗？当年您对晋惠公有过恩惠，他答应要把晋国焦、瑕这两个城邑送给您，结果呢？晋惠公一回到晋国，马上就在那边设下了重兵驻守，这些事您是清楚的。晋国有满足的时候吗？等到他占领了东边的郑国，势必又要扩张西边的国土，到时候如果不是去侵占秦国，还能从哪里去取得土地、扩充边界呢？通过亏损秦国，来扩大晋国的版图，这件事希望您要小心，务必要谨慎保护自己的疆域啊！”

秦穆公听了烛之武的利害分析，非常高兴，决定政策大转弯，不止私下和郑国签定了协议，还派了三员大将领兵驻守在郑国保护他们，接着就带着前来攻打郑国的大军回到秦国去了。

晋国大夫狐偃看到秦国违背约定，就请晋文公进军攻打秦国。晋文公说：“不可。我今天能有这样的地位，全都是仰赖秦君而来的。我是因为获得了秦国的帮助才能即位，如果我反而去伤害他，这样是不仁；因为这样而失去了秦国这个盟国，这是不智；用混乱分裂来代替和平，这么做是不武。我们还是回去吧。”就这样，晋国也将大军撤离了郑国，郑国得到暂时的平安。

能够站在以对方“有利”的角度理性地分析，是烛之武成功说服秦穆公退兵的原因。就地形上，说明秦国灭郑无益于他的霸业，反而因此壮大了晋国，对秦有害，晓之以理、动之以情；接着再提出以郑为东道主的小方便，诱之以利；最后以相关联的事件危言耸听（晋惠公过河拆桥的事和晋文公没有关系，只是都是晋国君），喻之以弊。

烛之武的言谈看似一言一语都在为秦国的利害关系思考，其实他是通过这样的方式，将对郑国的好处连接起来。这样的游说技巧是非常高明的，但是如果没有加上后续的支援，就很容易变成空口说漂亮话的说客；只能说是短暂的特效药，一旦药效过了，那么郑国还是难免被灭国的危机。

19 | 选对接班人 |

卫州吁之乱 | 石碏大义灭亲

作为一位高层管理人员，要怎样培养自己的接班人？在这个故事里，显然没有告诉我们答案，但是却有了十足的反面意义——因为从这个故事中，我们可以知道，如果只是放任继任者的话，最终必然是自食恶果。

我们身边总有些人是自以为怀才不遇，像《左传》中石碏那样的高官，且在工作上都有不如意的事，何况是市井小民了。但他很聪明，知道现实状况没有办法改变，于是他等待时机——并且做到了常人所不能：大义灭亲。且看他一名老臣，是如何将为人为臣之道好好实践，成为史家笔下的真忠臣的。

隐公三年（公元前七二〇年）

当时卫国执政的是卫庄公，是卫国第十二任国君。他从齐国娶了东宫太子得臣的妹妹“庄姜”为妻，庄姜长得美艳动人，她虽然没有生下孩子，卫国人还是为她唱颂《硕人》来赞扬她的美丽。这歌谣现在被收录在《诗经·卫风》里。庄公后来又从陈国那儿娶了厉妫（音规）为夫人，厉妫嫁到卫国的时候，妹妹戴妫也作为陪嫁一起到卫国来，后来也成为庄公的夫人。姐姐厉妫虽然生了一个孩子叫作孝伯，但不幸很早就死了；妹妹戴妫生了完不久就撒手人寰，于是庄公就把公子完交给庄姜抚养。庄姜把完当作亲生儿子一样精心养育，庄公也将完立为太子。

庄公后来又和另一宠姬生了一个儿子，名叫“州吁”。这个孩子性情粗暴好动武，庄公对于州吁的恶劣行径完全放任，从不制止，溺爱到了极点；而庄姜则是打心底厌恶这个好战不羁的公子。

卫国有个德高望重的大夫名叫“石碏（音却）”倒认为教育孩子要趁早，如果放任州吁这样为所欲为，那么总有一天一定会酿成大祸。于是他就到庄公跟前劝谏：“臣听说爱自己的孩子，应该要引导他走向正道，而不要让他学坏了。骄傲、奢靡、淫乱、放荡，这些都是可能走上邪路的原因。会养成这四种坏习惯，正是因为您给的宠爱和俸禄太过丰厚的关系。如果您打算立州吁为太子的话，那么请您早些定下这件事，好好教育他；如果您不打算立他，还请您好好约束他。不然，照现在公子州吁的状态，持续发展下去的话，一定会出乱子的。到那个时候，想管也管不动了。

自古以来，受宠而能不骄傲、骄傲而能忍受屈居人下、被贬降地位又能不怨恨、有怨恨却又能自安自重，这样的人是非常稀少的。州吁是庶子，完是嫡子，庶子的地位怎么能够凌驾于嫡子之上呢？如果庶子妨碍嫡子、年少者欺负年长者、远臣离间近臣、新宠离间故人、弱者挑衅强者、邪淫破坏正义，这就是六项违逆正理的事。国君以义制定法度，臣下遵行；父亲慈爱、儿子孝顺；哥哥友爱、弟弟恭敬，这就是六种顺理的事。如果舍弃六顺而效法六逆，那么灾难就会很快降临了。身为国君您应该尽量让国家免于遭受祸害，可是现在却是在制造祸患的根源，不予理会，这样真的好吗？”

石碏以一名老臣的心情，仔细地分析了六顺六逆的道理，希望庄公能够防患于未然，可惜的是，庄公并没有把石碏的一番苦心放在心上。

更糟的是，石碏有个儿子，名叫“石厚”，大概是“物以类聚”之故，石厚与州吁过从甚密，关系好得很。石厚和州吁年龄相仿，同样也是不务正业、骚扰百姓，石碏虽然强硬地禁止他不可以跟州吁来往，但脚长在石厚的身上，父母的“禁止”实在起不了太大的作用。在这样家庭朝廷皆不得志的状况下，石碏选择了一个适当的时机——新王立，公子完（卫桓公）即位时——告老还乡。

庄公故去，桓公和州吁是兄弟，从小一起长大。桓公是个老实人，对于州吁的所作所为总是尽可能包容，他没料到的是：州吁早就对王权觊觎已久，现在的包容，只不过是养痈遗患罢了。现下石碏又告老引退，满朝文武根本没有人能够制止他。

隐公四年（公元前七一九年）

卫国朝廷里弥漫着不安的气息，大有风雨欲来之势。州吁再也等不了了，他觉得自己比哥哥更有能力、更有资格担任卫国国君。只是没有想到，他竟然联合石厚公然刺杀自己的兄长！

桓公死后，州吁取代了桓公，并在石厚的助纣为虐之下，卫国上下一片生灵涂炭，大夫上朝更是噤若寒蝉，深怕招来杀身之祸。弑君可是大事，即使州吁下了禁令，消息也不只是在国内传扬，早已散播到国际间了。

州吁知道自己因为弑君，百姓对他肯定不服。善武的他，就想用征战来取民心——他自恃要是打了胜仗回来，不但有战利品，还能树立威信，在百姓心中留下“明君”的称号、留下美名，如此还担心江山坐不稳吗？所以他就打算联合陈国、蔡国加上宋国去攻打郑国。为什么选择郑国呢？打仗，总得将理由合理化，于是州吁假借报先前郑人围攻卫国的仇，当作是作战公开的理由。而实际上，他早就算准——郑国正在内乱，如果让他们腹背受敌，要获胜简直如瓮中捉鳖，易如反掌。

这就有趣了，以他一介莽夫，又是如何说服各国国君的？陈国、蔡国和卫国的关系本来就是好的，至于宋国，因为郑国藏了一位公子冯，是宋国储君人选之一。如果郑国人把公子冯送回宋国，那么眼前的宋殇公就有失去王位的可能。就这点来说服宋国打郑国，就像是掐着宋国的脖子行事，宋国没有不打的理由。于是四国大军兵临郑国东门，围城五天之后才解散。

国际形势，总是旁观者清。这时鲁隐公便和国中大夫众仲讨论了起来：“众仲啊！听说卫国州吁杀了兄长自立为王，你觉得他能不能安定卫国政事呢？”

“臣听说用德行来治理百姓，才能获得爱戴；从来没有听说过一个作乱的人可以得到百姓的支持。用作乱的方式管理国家，就好像整理丝线球一样——越理越乱！州吁想倚仗军威，就会失去民心；他以残暴治国，就只有落得众叛亲离的下场了。用打仗取得威信，就好像用火一样，一不小心，就会把自己烧死的。州吁杀了国君自立，又虐待百姓，照这个情势看来，他是不可能好好地修养道德、善待民众的。他只想用武力争天下，想必最后一定会走上败亡之途。”众仲沉着而大胆地预料州吁的命运。

这次退兵后没多久，卫国又发起战事，再一次围郑。宋殇公和鲁隐公两国私交还不错，这次宋国想请鲁隐公出兵支援，隐公谢绝了。可是他的臣子羽父却想出战，隐公不准，他却私自出兵。这一次，五国联军攻破了郑国的步兵，州吁割了郑国的稻子回国，象征性地认为自己凯旋而归，以为这胜仗肯定会受到举国欢迎。

然而这场仗，耗尽了国家内需，惹得民怨四起，州吁根本就得不到百姓支持。也因为弑君篡位，这张王椅他一直如坐针毡，不得安稳。于是他就和石厚商议该怎么做才能赢得民心。

“我父亲过去是国内的上卿，深得百姓支持。如果能请出他老人家为您策划，百姓一定也能够信服你的，这样一来，这王位不就稳了吗？”石厚异想天开地建议。

“好！就这么办吧！”

于是石厚回家向父亲请求安邦定国的方针，并说明这一切都是为了卫国百姓。石碏本以为卫国落到这乱臣贼子手中大概就民不聊生，再也没有挽救的机会了，没有想到这不肖子会回来找他！眼下这不正是扳倒他俩的好机会吗？

于是石碏就告诉石厚，新王初立，如果能够觐见周天子，取得天子庇护，相信百姓也就不会反对了，但是要如何才能见到周天子呢？

“陈国桓公现在是周天子跟前的红人，而我国现在和陈国的邦交关系良好，如果州吁愿意去拜访陈君，请他代为向天子请命，这样一来要见周天子应该就万无一失了。”石厚和州吁两人决定听从石碏的建议，打算前往陈国拜会陈桓公。

在他俩抵达陈国之前，石碏就已经派使者到陈国密告陈桓公说：“我们卫国是个小国，老夫我由于年迈无用，才没办法阻止卫国的叛乱。州吁和石厚这两个鼠辈，的确就是杀死卫君的凶手，现在他们要来拜会桓公，还要劳桓公大驾，只要他们一到陈国，请立即杀了他们吧！”

陈国的大夫遵从石碏的指示，石厚和州吁一踏入陈国国境，便将二人抓了起来，并请卫国人亲自到陈国来处置这两人。九月，卫国人派了右宰丑莅来当刽子手，把州吁在陈国濮这个地方处决了；至于石厚这个孽子，石碏安排了他的家臣獳羊肩来送他上黄泉路。

因为石碏的计策，卫国才能恢复和平。卫国人迎回了漂泊在邢国的公子晋即位，就是后来的卫宣公。但他也不是什么太好的君主，不过，那就是另一个故事了。

史家对于石碏的评论是：“真是个纯直的大臣，因为厌恶州吁弑君的行为，和石厚助州吁作乱，而能痛下杀手。大义灭亲就是说像石碏这样的良臣啊。”

作为一个父亲，石碏一定很痛心，必须亲手将自己的儿子送上死路。但作为一位忠臣，他知道自己的儿子已罪不可赦。造成这样的局面，虽说卫庄公要负大部分的责任，但是以“子不教，父之过”的观点来看的话，石碏也责无旁贷——也因此，他非得杀了自己的儿子以谢罪啊。

石碏对于劝谏庄公这件事，其实用了很高的技巧：他先是告诉庄公说，要立州吁做太子的话，就要好好引导他；接着又说如果不立他，更不能放任他胡来。用这种进退两难的方式说明不论如何，都应该要好好约束州吁。他是有远见的，从州吁的现状就知道未来他一定会酿成大祸，可是无奈无法阻止，只好眼睁睁看着灾难发生，万幸的是能等待时机，一举将州吁剿灭。忠臣苦心，足以令人潸然泪下啊！

20 | 观察力 |

楚庄侵随 | 季梁百姓观

成功的管理者，总有着敏锐的观察力，也能因此不上当受骗。许多古时候的故事，都通过神灵对自己的信任，来说明国家的管理方针是否有了状况，也能借此发展出管理的核心概念；而这些正是透过许多细微现象的表征，来体现国家政令。现在由于科学发达，祭祀很容易就被认为是迷信，但是换个角度思考：当你能够发现政令推行不易或者是成效不彰，那不也正是因为施行的源头出了毛病吗？这又何需祭祀来说明呢？

桓公六年（公元前七〇六年）

楚国在春秋时代是一个南方渐兴的大国。楚武王在位的时侯，开始兼并小国，这一次，他打算对随国出兵。军队出征前，楚武王先派薳（音伟）章到随国谈判，而这么做的目的，其实是对随国施加压力，得到些好处。他将大军驻扎在随国的瑕地等候结果。随国这方则派随侯宠爱的大夫少师前来主持和谈。

楚国大夫们正在开会。鬬伯比告诉楚王说："长期以来，我们困在汉水东边不得扩张已经太久了。我们扩大三军，用武力统辖小国，结果他们因为害怕而联合起来对抗我们，所以我们就很难离间分化他们了。这些国家当中，随国是最大的，如果他壮大了，一定会不管其他的小国；如果能够让小国不再依附随国，那对我国是有利的。少师这个人，生性傲慢狂妄，如果我们能利用这一点取胜——让我们的军队假装疲惫虚弱，让他们轻敌，如此一来我们一定可以大获全胜。"

熊率且比则说："谁不知道随国有个良臣季梁在，这样做有什么好处？"

鬬伯比说："把眼光放长远些！这是在为以后做打算。如此一来，少师就会得到随侯的信任，这对我们是有好处的。"

楚王采纳了鬬伯比的意见，他故意让军队看起来不堪一击，以疲累的军容假象来蒙骗少师，而少师果然上当了。

他回到随国，马上请随侯追击楚军，觉得现在攻打楚国是最佳时机，此时打他个七零八落绝对不成问题；看他信誓旦旦的样子，随侯差一点就答应了。

季梁是随国有名的贤臣，他主张只有百姓安居乐业，国家才能国富兵强；遇到战争这种事一定要三思而行。这时他就说了：“现在楚国的国势正强，那是楚国现在正受到上天的护佑；而他们的兵马羸弱，肯定是诱惑我们的伎俩，您又何必急着上当受骗呢？我听说小国如果能战胜大国，最主要是在于小国有道而大国淫虐无度、贪得无厌，注定天要亡他。而对我们来说，对百姓尽忠、取信于上天这就是道。作为君主，要思考哪些事对百姓是好的、多关心爱护自己的百姓，这就是忠；管理祭祀的官员，也要如实记录国家状况，向神灵报告，这就是信。可是眼下百姓都正受饥荒之苦，而身为国君的您却想要放纵私欲、借打仗来满足虚荣心；祭祀官也虚报功德，我不认为这样是明智的行为啊！”

随侯说：“怎么会？我祭祀的时候，选用的牲礼都是精选过的，既肥又美、毛色又纯正；粮食五谷一应俱全，如此丰硕的祭品，这样还得不到神明的信任吗？”

季梁见国君对“信任”一事有了回应，于是就由这个角度继续切入：“百姓就是神明的主人。所以自古以来的圣王明君，都是先养自己的百姓富足了、团结了，才开始发展祭祀。所以当他们祭拜时祝祷‘壮硕肥腯’——事项上看到的是牲礼都肥大壮硕，实际上也是在向神明报告说，他们的百姓财力普遍都十分丰足，所以所养的牲畜都能够肥美、毛色纯正没有皮肤病，而且各种牲

畜都能养得好、养得齐全。’

在奉献粮食的时候，向神明祝告说‘絜资丰盛’，就是在敬献给神明干净丰富的黍稷粮食，说明在春、夏、秋三季人民都能安心栽种，所以谷物丰收。最后在献甜酒的时候，祝告‘嘉栗旨酒’，说献上的美酒清香甘醇，也借此来表示百姓的心洁净无瑕，从君臣到庶民都有善德。那些祭品的芬芳，是不能容许任何闲言杂语、邪思妄念的。所以作为一个国君，要注意不耽误农时、让百姓安居乐业；好好地教化百姓，发扬五伦；还有亲近九族、对家族和睦；最后致力于祭祀。这样的话，百姓和谐，神明才会给君民降福，做任何政策都能够顺利推行。可是现在百姓个个胸怀异心，不能团结，鬼神又没有主宰；如此只有君王一个人祭祀丰厚，又怎么向神明求福呢？君王啊，请您先将国内的政事一一修明，对邻近的国家友好，这样实际的作为，才能让国家幸免于难啊！”

听完季梁的一席话，随侯觉得很有道理，便认真管理国家，真心关怀百姓，注重生产和教育，终致国泰民安。楚国看到随国上下一心，也就不敢随便进攻了。

季梁的百姓观，教会了随国国君要正视国家内部的问题，不要只是好高骛远，追求不切实际的利益，否则会让国家陷入窘局。还好随君听了季梁的话，而不是坚持听从少师的意见攻打楚国，否则我们可能就看不到季梁的建议在随国产生了什么效用了。中国古代是以农为本，所以季梁特别提出“无事不扰民”，百姓才能安心种田，有了丰硕收成才能让国家昌盛。这是基础。

应用在企业，管理者若重视基层人员第一线的建议，可以最清楚反映顾客的心声，如此才知道政令应该要如何颁布，往这个方向齐心协力，才能够让全员团结，而非你争我夺，落得七零八落的下场。

21 | 说服的技巧 ❶ |

鲁展喜退齐师

鲁国不是一个强国，但不乏有才能的人护国。

最高超的作战方式，就是能够不费一兵一卒，让对方心甘情愿地退兵。但是这样的风险也非常高。鲁国在无计可施的情况下，他们也只能出此奇招了。

鲁僖公是非常了解自己的臣子的，他知道谁有能力可以担此重任、谁可以作为此人的指导。他懂得适时地给予臣下发挥的舞台，也不是在毫无训练的状态下就直接将臣子丢上战场。这点也是现今的管理人才可以学习的：适才适用。找到部属的天赋，用适合他们的方式，帮助他们脱离固有的舒适圈，进入有一点挑战的学习圈。

僖公二十六年（公元前六三四年）

这年夏天，齐孝公还以霸主自居，他不满鲁国和卫国、莒国结盟，先是侵犯鲁国边界以示警告，接着又要发兵攻打鲁国北部边邑。鲁国并不是一个大国，甚至可以说是一个穷乡僻壤的小国家，如果齐军真的大兵压境，也许鲁国就只有灭国了。

于是心急的鲁僖公想了一个办法，他要派大夫去慰劳齐军。当然，目的是将齐军对鲁国的伤害减到最低。他选择了“展喜”。让展喜先去向能人请教应对的措辞，而这个能人就是“柳下惠”。

大军都还没到城门口呢，展喜就先出境去迎接齐军，还跟着齐孝公一起往鲁境前进。边走就边和齐孝公说着：“我国国君听说您要亲举贵足大驾光临，不惜屈尊降贵来到敝国，特地派小臣我来犒劳您的左右军从。”

齐孝公带着优越感，漫不经心地问着：“怎么，你们鲁国怕了吗？”颇有居高临下的姿态。

展喜只是不慌不忙地回答：“我们鲁国，那些没有见识的小人很害怕，见过大世面的君子则一点也不怕。”

齐孝公笑了，他指着周围空荡的房舍：“你看看你们鲁国，房子里空洞得像是挂起来的磬，只剩下中间高起的屋梁，什么都没有。更别说那田野，那可是连青草都没有的。你们凭什么不怕？”

展喜不理会他的挑衅，只是义正词严地说：“我们凭的是先王的遗命。从前周公旦和齐国的始祖姜太公共同辅佐周王室，周成王为了慰劳他们，特别赐了盟约：‘世世代代子孙，不要相互侵害。’当时记录着的盟书，现在还藏在盟府里，由齐太师掌管着呢！当初齐桓公为了这个盟誓，还特地召集诸侯，共同来商讨他们之间不和谐的事，弥补各自的缺失，努力救援他们的灾祸。桓公所做的这一切，都是为了要发扬太公的旧职、继承太公的遗志啊。

一直到了您即位，诸侯也都盼望着，认为您会继承桓公的遗志，所以到现在，我们鲁国也不敢修筑堡垒、不敢聚集百姓，因为大家都是这么说的：‘莫非他才继承桓公之位九年而已，就已经敢将姜太公的遗命丢弃、废弃太公的遗志吗？这样的话，他又怎么对得起桓公？齐君他一定不会这么做的。’

小臣心想，齐王您一定会遵守盟约，不会遗弃先君之命的，对吧？所以，我们这些有见识的管理官员，因为知道这个，才不害怕齐君出兵的。”

展喜的态度，既不失恭敬又说得齐孝公无地自容，听完了这番话，大军也刚好走到城下，接着，齐孝公就领着大军退兵回国了。

明明是无法抵抗，却说是不敢抗敌；明明已经大兵压境，却说齐军绝对不会侵犯。抬出齐国先王的遗命这顶大帽子，再给齐孝公戴个“君子”的高帽子，只能说，展喜这外交辞令实在谈得漂亮！他暗示齐孝公说，那些遵循古盟约的知识分子，不会互相侵害的君王，是君子；反之，如果他真的要攻打鲁国，那么他就是不守道义的无知小人了！

能够将这样的概念性能力运用自如，展喜也可以说是一名高阶管理人员了。他通过思考预测了齐孝公的行动，可谓洞烛先机。只要比对手先一步找出机会，那么即使原先屈居弱势，最后至少也能平安脱险。

22 冷静睿智的决策

弦高智解国难

如果在工作的过程中，你遇到了像弦高这个人这样的事：知道了国家很可能被灭，那么你会采取什么样的行动？会像诺亚一样，告诉大家——灾难将至，要做好准备？或者是螳臂当车，冲动地拦下秦军？（这样的爱国者大概只会被碎尸万段吧？）又有另一种可能是，视而不见、三十六计走为上策？

以上不管是哪一个选项，都不可能阻止秦军攻势。这里我先破个梗：实际上，弦高的确让秦军退兵了，保全了郑国。接着就来看看，他是怎么以一个商人身份成功让秦国退兵的。

僖公三十三年（公元前六二七年）

秦国也是春秋时代的强国，经常运用他强大的武力侵略小国，甚至对周天子的管理也不太服从。

这年春天，秦国军队行军途经周天子王都洛邑的北门，秦王虽然要求兵车上两旁的武士脱掉头盔步行以示对周天子的尊重，但是这些士兵走了没多久就马上又跳上战车，这显示了他们对周天子的不在乎——或许还有些骄傲地认为秦军是最强的吧？他们的确有本钱自满，因为光是这样的兵车，至少就有三百辆。

周共王的玄孙（也是周朝大夫）王孙满当时年纪还小，看着秦军如此轻慢，便对当时的天子周襄王说："秦国的军队这么轻狂又无礼，这次打仗一定会失败。轻狂就会缺乏谋略；无礼就会粗心大意。如果遇到险境，他们既粗心又没有谋划，那不是注定会失败的吗？"

王孙满只是留下了这个预言。秦军继续行走来到滑国（今河南偃师县南），也没有人注意到王孙满说的这些事。这趟远征，实际上应该是秦国想要秘密偷袭郑国的，秦穆公派孟明的大军与驻郑的外使里应外合，如果在郑国毫无防备的状态下，郑国的确是秦国的囊中物了。

郑国的商人"弦高"正要到洛邑去做生意，路上一定会看到秦国的军队。打听之下，他知道秦军这大批军队，肯定是对自己国家不利的。他是个牛贩子，所以就先送上了四张熟牛皮，接着马上又送过去十二头牛说是要慰劳秦军。

他对秦军说：“我们国君听说您行军经过我国，冒昧地用这点心意来慰劳你们士兵。我们国家虽然是个小国，并不富裕，但是知道你们在外行军许久，物资匮乏，所以愿意在你们扎营住下时供应你们一天的补给品、为你们安排一夜的守卫。”他自己一边应付秦军，拖延时间，一面派人快马加鞭去向郑穆公通风报信。

郑穆公派人去察看驻郑秦使的行动，发现他们已经收拾好行囊，将武器、战马都准备好了。于是郑穆公就让大夫皇武子去对他们说：“你们都已经在我们这儿的客馆住了这么久了，我们的腌肉、粮食也都被你们吃得差不多了。听说你们就要走了，国君特地派我来跟你们说明，我们郑国有个养兽的园子叫原圃，大概就跟你们秦国的具囿一样，供贵族打猎用的，不如请你们自己去打些麋鹿，让你们可以在路上食用，也让我们郑国可以安闲，你们看这样好吗？”事实上皇武子这逐客令也仿佛在对他们说：我知道你们秦国的诡计，你们别想称心如意。

驻郑的三员外使杞子、逢孙、扬孙见势不妙，分别逃往齐、宋两国。

带军的孟明见弦高如此多礼，以为他真是郑国的使臣，就收下了礼物。并对士兵们说：“郑国早有了防备了，看来我们要偷袭大概很难。这种状况下，攻它是一定攻不下来的，如果围它……援军又接不上，我们还是回去吧。”

最后秦军只是灭了滑国就班师回朝了。

弦高虽然只是个商人，但在这个故事中，他是个冷静睿智的决策者。他在发现国家急难问题时，搜集足够的资讯、运用自己现有的资源并评估可行方法去执行，最后解决了灭国危机。遇事能否冷静处理、和平解决，决定了这个人是否能够成为一名成功的管理者。

23 | 宽容幽默 |

华元雍容大度 | 大棘之战

一个国家的执政大臣，可以宽容到什么样的程度？

这篇史事在《左传》中以罕见的喜剧形式呈现，不只在叙事中加入了史家的评论，还以歌谣的方式俏皮对喝，显示出华元的心胸其实是极其宽大的。在那个时代，敢公开嘲笑执政大臣，百姓是可能会被割舌头的。但华元面对百姓的取笑，既不生气，也许还觉得挺有趣；而且心里想着说不定这么做，反而能提高工作效率，既然无伤大雅，偶被百姓骂一下又何妨呢？

宣公二年（公元前六○七年）

这年春天，郑、楚两国的关系仍然很好。郑国公子“归生”

受命于楚，起兵伐宋。华元是宋军统帅，乐吕是宋国司寇（主掌刑部案件）；他们两人准备率军抵御郑军。

二月十日，两国在宋国大棘（今河南拓城县西北）大战，宋军吃了败仗，华元被囚、乐吕被杀，郑国获得宋国的兵车四百六十辆、俘虏两百五十人，并割下一百人的左耳——古代战争会割下死去敌军的左耳以统计死亡的人数。

其中，宋大夫“狂狡”拿着戟为武器，在战场上遇到一个郑国士兵，那士兵吓得四处逃窜，不小心跌落了井中。狂狡把自己的戟柄送入井中，将那个郑国士兵拉了上来，结果那个士兵出井后，反而擒获了狂狡。

史家对这件事就评论说：“狂狡不遵守作战的规矩，违反杀敌的命令，那么他被敌人俘虏也是应该的。

用兵之道中，做统帅的要让士兵们都了解必须要以‘果敢’、‘有毅力’的态度杀敌，使大家都能够听从命令，遵守军中的法规。勇征前线就是‘果敢’、养成‘果敢’的性格就叫‘有毅力’。战场上如果违反这样的原则，那不是自取灭亡吗？”

现在来回顾一下，华元主帅为什么会被郑国俘虏?

战争开打前，华元宰羊来犒赏士兵，提振士气。驾驶他兵车的车夫羊斟没吃到，他就怀恨在心。开打后，他驾着华元的兵车，说：“当日宰羊你做主，今天开战车我做主。”于是他竟然就把战车直接开进了郑军，因此宋军才会大败。

史家对这个事件的评论是：“羊斟哪！实在枉为人。竟然因为自己的私怨，不惜拿全军做陪葬，如此祸国殃民的事他也做得出来！还能有什么事比这样的罪还大呢？《诗经》里说：‘人之无良’，就是在说羊斟这种丧尽天良的人了。他为报私仇，残害宋国人民。”

宋国决定以一百辆兵车和四百匹毛色漂亮的马，把华元赎回来。宋国才把赎物交了一半到郑国手中，华元就趁机逃回宋国。他站在宋国城门外，表明了自己的身份，顺利进了城。他见到了羊斟，没有生气，只觉得奇怪：“你也是用马赎回来的吗？”羊斟与华元同陷郑军，或许因为官职小，没有人注意到他。

羊斟回答他：“不是马赎回来的，是我自己偷跑回来的。”

说完，他就找了机会逃出国了；毕竟这样陷害主帅的罪可是杀无赦的。

战争结束了，宋国需要善后。国君任命华元以主帅的身份作为筑城监工，他正巡视工程进度时，听到了筑城工人的讥笑：

“瞪着大眼睛哪！

挺着个大肚腩，

丢盔弃甲逃回来。

络腮胡子，

胡子络腮，

丢盔弃甲逃回来。”

听到这样的嘲讽民谣，华元非但没有生气，还让车上的卫兵跟他们对喝：

“有牛就有皮啊！

犀牛兕（音四）牛还这么多，

丢盔弃甲又如何哪？”

故意强调着“犀牛兕牛的皮可以用来制甲”；华元故意把焦点放在盔甲可以重制，而非放在他被擒这种丢脸的事上。

这些工人见他有回应，就继续唱道：“就算牛皮多，少了丹漆又怎么办？”

这时候，华元已经不想跟他们没完没了地唱下去了，于是就对他的车夫说：“走吧，他们人多，我们嘴少。回去吧！”

透过狂狡和羊斟两个愚人来反衬出华元的性格，这种笔法是《左传》中经常出现的。狂狡如史家所评的，不遵守规则被俘也是他应受的惩罚。可是羊斟实际上是故意犯错，华元却放任他逃过刑罚，未免过于放纵了。最有趣的就是筑城工人的讥讽，描述他们所看到的华元拖着痴肥的肚子、瞪着凸出的双眼、满脸胡须地丢弃盔甲逃回宋国的写照，实在是很生动。

而在这个地方才看出华元的气度，非但没有生气，还派人和他们唱喝了起来，斗不过百姓，也没有恼羞成怒，只是直接逃走，实在是很可爱、很宽和的一个执政者。管理者要是能学习这种幽默精神，会让办公室气氛更好，效率也就自然提高了。

24 | 说服的技巧❷ |

子产小试身手

子产这个人，于内政与外交手腕都很有一套。

春秋时代，由于天下纷乱，周王室的礼法已经渐渐失去功能，天子的权力也正被架空；国际间的主事者，其实是各国尊崇的强国。但这样动荡的局势，却也为思想家、政治家提供了极大的发挥空间。

这段史事，可以看出子产是如何以言语的力量和平改变晋国霸主的政策的。又如何以不卑不亢、不伤害陈国百姓的方式，让陈国臣服，为自己国家讨回公道。

襄公二十四年（公元前五四九年）

晋国的“范宣子”执政时，身为霸主国，他们要求前来朝贡的诸侯国带上丰硕的贡品；这让国家财政并不很好的郑国非常忧虑。二月的时候，郑简公由“子西”陪同，准备前往晋国。子产就让子西带上一封要给范宣子的信，说：“您身为晋国的执政大夫，我却从来不曾听到周遭的国家称赞您的德行，只听闻你苛刻要求丰盛的财货、沉重的贡品；这让我感到十分困惑啊。

仁君治国，不会担心收取的财货多寡，而是担心没有留下良好的名声。

诸侯将大量的财物送给了晋国，那么诸侯们彼此之间就容易意见不和。如果晋国又启用了这些财货，则该如何使用、要用多少、用在什么地方等问题就会一一浮现，晋国内部将会出现意见分歧。诸侯国有二心，对晋国必然是有害的；晋国内部不一，对于当朝执政大夫您，一定是首当其冲。

您怎么会这么糊涂啊！

有什么非得用到诸侯财货的理由吗？好的名声，是用来装载德行的车子；而德，正是奠定国家基础的根本。基础建立好之后，才不会害怕损坏；这不也是您应该致力的地方吗？有了德行，就能够建立长治久安的国家。《诗经》上说：‘乐只君子，邦家之基。’说的即为君子就是国家和家庭的基石。这就是美德吧！又说：‘上帝临女（音乳），无贰尔心。’上帝会一直监视着你是不是有二心的，这难道不是好的名声吗？

用宽宥的行为来将德行发扬光大，以德行来行事，这样就可以让好名声流传；如此一来，远的人愿意千里迢迢前来拜访学习，近的人也可以安心。难道您宁可让人们告诉你说‘您确实养活了我，但是您也确实榨干我的财货来养活您自己’吗？大象因为有象牙，而招致了杀身之祸，那是因为象牙太值钱的关系啊！”

子产语重心长，却条条成理。范宣子仔细地读完了子产的信，他认同子产的想法，因此决定实施减轻贡赋的政策。这样的举动，为郑国的国家财政舒缓了不少压力。

郑简公特地前往晋国这一趟，并非只是为了贡品负担过重这件事而已。更重要的事是，向霸主晋国请求攻打陈国。郑简公对范宣子恳求跪拜，范宣子受不起，辞谢这样大礼。子西作为让会议顺利进行的相礼，解释说：“请求攻打陈国，是因为陈国倚仗楚国势力，欺压侵凌我国，因此我国国君请求向陈国兴师问罪。此等大事向晋国报告，又怎么敢不行大礼呢？”

襄公二十五年（公元前五四八年）

过去楚国伐郑的时候，陈国也参与其中。只要是陈国军队走过的道路，水井一律被填塞、树木一概被砍伐，破坏殆尽、惨不忍睹。因此郑人对于陈国，岂止是怨恨可以形容。这年六月，郑国以子展、子产为帅，领七百辆兵车夜间突袭陈国都城，大破陈国国都。

陈哀公扶着太子偃师奔逃出城，往坟地跑的路上，遇到陈国司马桓子。陈哀公喝令说：“载我！”想不到司马桓子却说：“我正要巡视城池。”于是两人只好继续前行，又遇到陈国大夫贾获载着他的母亲和妻子。贾获将车子交给陈哀公，陈哀公交代他必须要好好安置其母及其妻，于是贾家幸免于难，陈哀公也暂时安全。

城内。子展特别颁布命令，要军队不许进入陈侯宫室。他和子产两个人亲自监守宫门，要逼陈哀公亲自出降。陈哀公知道此役大败，派司马桓子将宗庙祭祀用的赠予郑国；自己则穿上丧服，怀中抱着土地神的神主位，将他的仆役男女分别捆绑列队，在朝中等待灭亡。

子展握着马鞭晋见陈侯，再拜叩首，手捧酒杯敬献陈侯，表示不失为臣之礼。子产旋即进入陈国，点数了俘虏人数之后又立即离开。郑国人向当地神祉进行祝告仪式，宣告灾厄已除之后，将属于陈国的土地、兵符、百姓归还后，撤兵回国。

接着，子产向晋国献捷报以及战利品。他来不及把军服脱下，就开始处理这些事。晋君与晋国大夫士庄子、赵文子询问陈国的罪状，子产这样回应：“从前舜的后代虞阏父（音饿府），是周文王时的陶正，也就是负责制作陶器的官，服侍我们先王。先王嘉许他能够制作器物以供王室使用，又是虞舜的后代，所以武王打败商朝之后，就将长女太姬许配给他的儿子胡公，还赐封陈地，让黄帝、尧、舜的后代都有封地，所以陈国也算是我周朝的后代，到今天都还一直倚赖着周。陈桓公死后，陈国发生动乱，蔡国人想要立蔡女所生下的公子为国君。我郑国先君庄公，帮助陈国稳定局面，并立了陈桓公的弟弟五父为君，但是他却被蔡国人暗杀了。

于是我先君只好再与蔡人协议，拥戴蔡侯的外甥为陈厉公；后面的陈国君主，一直到庄公、宣公，都是由我郑国辅助为君的。后来陈国发生夏氏之乱，陈灵公被夏征舒杀了，他的儿子陈成公颠沛流离，也是我郑国让他回到陈国的，这些事，都是您们知道的。

现在陈国忘却了周朝大德，轻慢我大恩，放弃两国姻亲之好；眼看楚国人多，不断来侵袭我们的城邑。去年我们请求攻打陈国，但迟迟没有得到贵国的允许，反倒等到了陈国私自来攻打我国东门的战役。在陈军行经的路上，井被填、树被伐，我国害怕大军压境之时，让太姬受辱。今天上天诱导我们的思维，开启了我们攻打陈国的念头。陈国知罪，得到我军惩罚；所以我们才敢在此敬献战果。”

晋国大夫就问了：“那为什么要欺凌小国呢？”

子产回应说：“先王的命令是，只要有罪，就必须要接受惩罚。昔日天子的领土有方圆一千里，列国各只有方圆一百里，并且依身份地位不同，封地大小依次递减。但是你看看今日所谓大国，领地就已达到方圆一千里了，如果说他们没有侵占小国，哪有可能扩展领土呢？”

接着又问：“那你今天为何身穿军服来报告呢？”

子产说：“我国先君郑武公、庄公身为平王、桓王的卿士近臣，辅佐周天子的朝政。在城濮之战的时候，晋文公发布命令要我国先君各自恢复旧职，也就是说我郑国君仍然是周王室的卿士。命令我国文公身着军服，接受楚国战俘献捷给周天子。如今我也身穿战服，是因为不敢忘本、不敢废除周天子命令的缘故。”

经过一段时间的对答如流，晋国大夫终于再也无话可说，只好接受了郑国献捷。这个举动，等于是在向天下宣告：郑国此番攻克陈国，是合理的。

这年冬天十月，子展作为相礼，陪同郑简公到晋国，去拜谢晋国接受郑国献捷。子西呢，则再度对陈国用兵，这一回，陈国不堪其扰，终于决定与郑国和解。

子产不只外交了得，此时在内政方面也已初试啼声。

子产是执政新手，有一次，他有机会向郑国大夫然明请教治理方针。

然明回答说："看待百姓犹如看待自己的孩子。见到不仁者就诛杀他，就好像猛禽鹰鹯（音詹）追捕鸟雀一样。"

子产听了这段话茅塞顿开，于是开心地跟子太叔分享。子太叔也趁此向子产问政。

子产说："政事就如同农事一样，白天黑夜都要思量；要想着怎样开始、又得思考如何做会有好的结果。夙夜匪懈，不断地去执行，但所做的不要超过所想的，就好像农田有田界一般，如此，执政时所犯的过错，就会少了许多了。"

孔子曾有段话是这么说的："《志》有句话说：'言以足志，文以足言。'是说语言是用来了解意愿的，而文采则是用来完成语言。如果不说，谁知道意向何在？说话缺乏文采，虽然能行动却也走得不远。晋国能成为霸主国、郑国攻打陈国能被承认，这些若不是善于辞令，就都不能成功。辞令，必须要小心使用啊！"这段话，是一代圣人孔子对于子产的褒扬啊！

子产以"两刀论"的方式让晋国范宣子理解：收了诸侯的财货，不论是对晋国国内或者是对诸侯而言，都是有害而无益。整段对话以螺旋的方式层层递进，让晋国深深明白：名声是道德基础，道德是国家基石。最后能够说服晋国，也是意料中的事。

从司马桓子的反应可以看出一件事：“喝令”不一定能够指挥他人做到你想要的结果。陈哀公希望司马桓子解救他，却只是得到司马桓子驾着马车头也不回的结果。需要别人帮忙时的确要说，但是要怎么说，才是展现真功夫的时候。

子产对待陈国，只打算让他们受到适当的教训，并不打算迁怒于百姓；这也是孔子赞扬他的原因：子产是个会照顾百姓的政治家，并不限于自己本国的百姓而已。以往我们总认为想得多、做得少是不切实际的；但是子产提出一个更实际的观点：必须要做得多，但想得更多。当你的计划想得不够周全就莽撞行事，那就很容易犯错。你所做的事都在你的思维掌握之中，那么一切执行就容易多了。

25 | 混乱中的智谋 |

晏婴大勇 | 拒绝佞臣奸计 | 齐人逐庆封

晏婴是齐国的重臣，事灵公、庄公、景公三朝；辅政时间长达四十年。他能言善道，兼具智勇美德，生活俭朴，深得民心；是春秋后期少数几位能够复兴国政的政治家。

这段史事记录着齐国“崔庆之乱”，且看崔抒弑庄公后面对庆封乱政，晏婴如何在国家混乱时安身立命。他又如何在太平与乱世，性格前后一致。

襄公二十五年（公元前五四八年）

齐国棠邑大夫棠公过世，他的遗孀棠姜是齐国重臣崔抒家臣——东郭偃的姐姐，丧礼上崔抒见其貌美，便想方设法将棠姜强娶为妻。棠姜再嫁，本也不是什么大事；但由于齐国国君齐庄公常到崔抒府上走动，竟然也迷上了棠姜——不久便与棠姜私通。

齐灵公死后，崔抒迎公子光即位为齐庄公，但是他无道，曾经在晋国有难时下令攻打晋国。崔抒知道了棠姜与庄公通奸十分愤怒，又想趁机杀了庄公，讨好晋国。庄公凶残，也让身边不少人记恨在心；崔抒就利用这些人，趁着庄公与棠姜在他家幽会的时候暗杀了庄公。

庄公被暗杀，身为要臣的晏婴站在崔抒家门外，久久不语。

之后，他的随从问他："您要殉死吗？"

晏婴说："是我一个人的国君吗？是的话，我死。"

随从又问："那……您要逃亡吗？"

晏婴说："国君的死，是我的罪过吗？是的话，我逃。"

随从说："那么，我们回去吧？"

晏婴说了："国君身故，我要回到哪里去呢？作为百姓的国君，他岂止是身份凌驾于百姓之上而已？他是为了主持这个国家生计啊！而作为一名臣子，又难道只是为了区区月俸吗？是要保护这个国家啊！所以，国君如果是为了国家而死，那么我就陪他死；如果是为了国家而出逃，那我就陪他逃。倘若，他只是为了一己之私而死，为了一己之欲而逃，既不是他的亲近大臣、宠爱之人，又有谁敢殉死、出逃？更何况，有人迎回了国君却又杀了他，我怎么能为了他去死？又怎么能为此逃亡？可是，我又该归向何处呢？”

听了这些话，崔抒命人将门打开，让晏婴进门。

晏婴见了国君遗体，将头枕在尸体的大腿上大哭，接着站起来，行了哭君之礼后，就离开了崔抒府。

旁人告诉崔抒说：“晏婴这个人留不得，一定要杀了他！”

崔抒说：“他是人民景仰的人，放了他，可以得到人民的爱戴。”

于是，崔抒又立了庄公的弟弟景公为君，自己辅佐他，并让庆封作为左相。这班乱臣贼子还在齐国太公庙里和国中大夫结盟，誓言读道：“有不与崔氏、庆氏结盟者……”还没读完，晏婴此时就仰天长叹说：“我晏婴如果不亲附忠君、利国之人，将有上天做证！”说完就歃（音煞，把牲畜的血涂在嘴边表示盟誓的决心）血定盟。

这一年五月二十三日，负责记录史事的太史在史书上记载：

“崔抒弑其君。”意思是说，崔抒以下犯上，杀了他的君主。因此，崔抒杀了那名太史，太史的弟弟继承兄位，仍然这样写。这样被崔抒杀了的，总共有三人；齐国在外的史官南史氏听到太史全都被杀了，手提竹简回国要来记录史实，听到最后一位史官没有被杀，“崔抒弑君”如实被记录，才又回到自己的工作岗位上。

襄公二十七至二十八年（公元前五四六至公元前五四五年）

襄公二十七年，齐国崔抒横行朝中。同样也在这一年，崔氏家庭内乱，一下子分崩离析。崔抒求助于“庆封”，庆封于是出兵剿灭了作乱的崔氏子弟们，并假意护送崔抒回家，崔抒怎么也不知道庆封顺势就灭了崔氏一族，眼见家破人亡，崔抒也上吊自杀了。崔氏一灭，庆封独揽齐国大权。

大凡手握重权之人，不够谨慎者下场一概凄凉：是要遗臭万年或留名青史，就看他们当下的抉择了；庆封和晏婴两人就是极端的对比。

庆封掌权之后，因为性喜喝酒、田猎，就将政事随意交给了自己的儿子“庆舍”管理。他自己则带着妻妾搬到亲信卢蒲嫳的家中，过着荒淫生活。当时的王公贵族，每日配给两只鸡为粮，可是管伙食的人，就偷把鸡换成了鸭；送饭的知道了，竟然将鸭肉去掉，只上了肉汤给卿大夫食用。

如此明目张胆，当然引起众大夫的不满；其中齐惠公的孙子子雅、子尾更是口无遮拦，直接大骂庆氏执政失当。两人本就与庆氏失和，庆封也视其为眼中钉，他就告诉卢蒲嫳被子雅、子尾羞辱的这件事。

卢蒲嫳说："这班禽兽竟如此大胆！看我剥了他们的皮当被子，吃他们的肉、喝他们的血！"当然就开始计划要如何除去这些碍事的人了：祸乱，就要开始了。

在庆封的指示下，卢蒲嫳派人去邀请晏婴参与作乱。晏婴德高望重，如果有他助阵，齐人就不会认为这是在作乱。

晏婴回说："我的一班人马不好用的，加上我也没有什么智谋可以为你们所用。"为了省麻烦，他下了逐客令说："今天说的这些话我不会说出去的，这是可以盟誓的。"

派去的人说："您都已经这样说了，哪里还需要盟誓呢？"

这样的言语，表示这些人对晏婴有极高的信任：晏婴是不会说出去的。

庆封的作风早让子雅、子尾等人不满了，他们也计划在齐国秋祭时，一举发动政变。子尾安排了自己的士兵当天穿上庆氏的皮甲，要除掉庆氏政权。一切都部署好了，就等庆封等人上钩。

子雅、子尾收买了庆封的家臣卢蒲癸和王何。其中卢蒲癸本为崔抒所用，崔氏灭了之后，逃亡到晋国；后来庆氏又接收了所有崔氏出逃的家臣为己所用，卢蒲癸就是其中之一；他还得到庆舍的赏识，让庆舍将女儿嫁给他。事实上，子雅、子尾要对庆氏不利的消息，被庆氏一族的人发觉，并传到庆封耳边；但庆封以为没有人敢对抗他，不以为意。

就在秋祭当天，庆舍及其党羽一次被歼灭。国君感到害怕，子尾等人安抚说："群臣所为是为了国君，请国君不用担心。"并将国君带离是非之地，回到宫中。

庆封打猎回来，得到噩耗，立即发兵攻打齐都西门，失败了。他又转往北门，被他攻克，他得以长驱直入内宫。但面对重重守卫的内宫，还是吃了败仗。他请求决一死战，没有得到国君同意，已经打了败仗只好逃亡，到鲁国去。

齐国人到鲁国责问，于是鲁国也不敢再收留庆封，他再往南逃到吴国。吴国国君句余将朱方（今江苏镇江市东）这个邑赏给了庆封，他再度将庆氏一族聚集起来，日子过得比在齐国的时候还要富裕。

鲁国的大夫服惠伯说："老天爷大概是厚待恶人吧？瞧那庆封又富贵了起来。"

叔孙穆子就回应说：“善人富有，是老天的奖赏；恶人富有，大概准备要受灾殃了。上天大概要让他们受灾，才把他们全都聚集起来，一次杀掉吧？”

果不其然，到了鲁昭公四年（公元前五三八年），楚灵王进犯吴国，占领朱方，庆封一族全被歼灭，没有留下任何活口。

故事再回到齐国。

由于齐国崔、庆动乱，王公纷纷流亡国外。直到庆氏逃亡，齐景公才将他们都召回国来。大夫们平定庆氏有功，因此齐君也论功行赏。齐君要将邶（音被，齐国别都，位于今山东省昌邑县西方）殿送给晏婴管理，所属邶殿的城邑一共六十座，一并交给晏婴。

但是晏婴却不愿接受。

子尾问他：“富，是人人都想要的欲望，为何你独独不要？”

晏婴回答他：“庆氏以他的城邑满足了所有的欲望，所以他最后必须逃亡。我的城邑现在没有办法满足我之所欲，但是如果加上邶殿之后，情况就不一样了。到那个时候，它们可以满足我的私欲，只是，到那个时候，我想我离逃亡也就不远了。如果我逃亡，那么我连一个城邑也没有办法主宰。不接受邶殿，并不是因为讨厌富裕，正是因为害怕失去富裕。富就好像布帛一样是有一定的宽度的，为它们制定幅度，使它们可以一致。在百姓生活丰厚、器物财货都丰饶的情况下，宣导、端正道德的观念，让他们不至于因此而散漫放肆，这是限制私利；就像布匹的幅度规范一样。一旦利欲熏心，私利过多了，注定要失败。我不敢贪多，这就是所谓的限制私利啊。”

齐景公封给北郭佐六十座城邑，他全都接受了。赐给子雅的封邑，大部分被子雅辞退，只留下很少部分。而赐给子尾的，原先他全都接受了，不久后又全数奉还。齐景公因此认为子尾忠心耿耿，之后便一直信任他。

子雅和子尾这么做，也许和晏婴的一番话有关系。

这篇精彩的故事从内乱到平定，分为四个段落：崔抒弑君、晏婴不殉死、崔氏惨败、庆氏出逃。看似线性发展的史事，但《左传》在这件史事上，紧扣中心题旨的反而是“淫”字。庄公因为昏庸淫乱被杀，是淫；崔抒见人貌美强娶为妻，是淫；庆氏与卢蒲嫳交换妻子，还是淫。写晏婴，则是因为他是这个时代中难能可贵的灯塔，他所展现的气骨，恰好与这些奸臣相反。他不愿为淫君而死，亦不屈就与奸臣同流合污，当然可以说是一股清流。

乱世中，面对一个齐庄公这样昏庸的领导者，那么只能学习晏婴：韬光养晦、等待时机。晏婴最值得称颂的，就在于他不论是明君、贤君，他都没有改变他为臣子的态度，他没有去评断人君，只是做好人臣本分；也不曾因为君王赏赐就改变自己简朴的生活态度，甚至进而影响群臣。这样始终如一的人，只可惜生在乱世了。

26 | 对在上位者的沟通 |

晋名臣魏绛论政

晋悼公在叔父晋厉公死后，回国即位；是继晋文公以来难得的良君。他年轻有为，在他任内，通过内政改革，使国内海晏河清；而外交上更是中兴复霸，成为诸侯信任的霸主。只不过，他有个嗜好：热爱打猎。

魏绛在晋国制定了优秀的制度，帮助晋悼公治理国家。这一年，晋侯打算征伐游牧民族戎狄，魏绛将以什么样的方式说服国君弃战呢？

襄公四年（公元前五六九年）

晋悼公正与魏绛商议国事。

悼公说：“这戎狄的性格贪婪，不辨亲疏，不如就伐了他们吧？”

魏绛说：“近来国际情势刚稳定，陈国才刚顺服我们，邻国诸侯们也都在观察我们：我们如果以德服人，他们就愿意亲睦我们；不然，他们就背离我们。倘若我们现在对戎狄用兵，那么楚国也必然在这个时候对陈国出手，到时我们可就没有办法援救陈国了。放弃一个陈国，中原四方的诸侯必然也会放弃我们。戎狄不过就是些禽兽，为了他们而丢失中华大业，这是万万不可为的啊！”

如果只是讲讲道理，国君也是听不进去的。

于是魏绛开始说起了故事。

“在《夏训》里就有说过关于有穷氏首领后羿（音意）的事迹。”魏绛在这个地方故意住了口。

晋悼公端坐、竖耳倾听：“后羿怎么样？”

“过去夏朝刚衰弱的时候，他将国都从鉏（音除，今河南滑县东）迁到了穷石（今河南洛阳市南方），由于众子争立，他干脆推翻夏政，篡位为王。他依靠夏朝的百姓，取代了夏朝的政权。他仗着自己优秀的射箭技术，虽然为王却不愿好好治理国家，只是整日沉溺于骑射田猎中。国政上他放弃了武罗、伯因、熊髡（音昆）、龙幸（音旁语）这些贤臣，而任用自己信任的佞臣寒浞（音卓）。

这个寒浞又是哪号人物呢？他是寒国国君伯明的后代，生性喜欢对主上进谗（音缠）言，所以寒国国君抛弃不用他，后羿却收留了他；不但收留他，还信任他、重用他，用他来辅佐朝政。他的手段可厉害了：对内取悦、谄媚后羿的妻妾；对外贿赂朝臣，广施财物。他愚弄百姓，而后羿始终不管，只是醉心于打猎。

寒浞用他卑劣的手法，树立了奸臣恶人，占据了后羿的国家，却还能让内外都信服于他。后羿不知道寒浞的阴谋，傻傻地从田野中归朝，一切早已被寒浞掌控。后羿被家臣背叛，寒浞命人杀了他还不够，还将他煮了，逼他的儿子吃。他的儿子不忍，被寒浞杀了。夏朝旧臣靡效忠后羿，逃到了有鬲（音格）氏（古部落名，位于今山东德州市东南方）。

寒浞占有了后羿的妻妾，生了浇和豷（音意）两个儿子。他依持自己的邪恶奸诈，施行暴政，不施恩泽给百姓。两个儿子长大后，完全就是寒浞的翻版；他派浇灭了斟灌氏及斟寻氏，这两个部落是夏的同姓诸侯国。浇安置在有过氏，豷长驻在有戈氏。寒浞这次让浇这么做，靡知道机会来了：他开始聚集了斟灌氏及斟寻氏两国的遗民，来灭寒浞，并且立了少康。少康在有过氏灭了浇，少康之子后抒在有戈氏灭了豷，有穷氏的政权就算是完全灭绝了。但他灭亡的原因，事实上是因为失去了贤臣辅政。

周武王的太史官辛甲为官时，就立下命令，百官都要劝谏国君的缺失。过去掌管田猎的官员就留下《虞人之箴》说：‘辽阔夏禹的遗迹，依夏制画分为九州，开启了许多道路。百姓有寝屋和庙宇，野兽有茂盛丛林；各自有居住的地方，彼此互不叨扰。后羿为帝的时候，过度热衷于田猎，不在乎国家忧患，心心念念的只有田原中的飞禽走兽。好武这事儿，是不能过度频繁的，因此后羿好武，并没有办法将夏朝永续经营。我身为兽臣虞人，由于不敢直接敬告国君，只好告诉国君的左右侍从了。’《虞箴》都说得这么仔细了，国君您能不引以为前车之鉴吗？”

魏绛说完，看着国君的表情若有所思，他相信这番苦口婆心肯定会得到国君良善的行动来支持的。于是再将矛头转向戎狄的议题。

“对付戎狄，难道没有比和谈更好的策略了吗？”晋悼公显然有些失望。

魏绛说：“讲和有五大好处：首先戎狄逐水草而居，他们看待财货比土地还重要，因此可以收买他们的土地，这是第一个好处。其次，和谈要是成了，边疆的居民不用再担心被戎狄骚扰，可以安心耕作，收割的人也不必担心。其三，一旦戎狄与我们友好，邻国震撼、诸侯更能顺服我国威信。其四，用德行收服狄人，不但军队不再劳苦，武器也不必因攻狄而受损，这可以为国家节约开支。其五，有鉴于后羿黩武的教训，不如改变方向，以德服人，让远者服、近者安，这是最后一个利益。请国君您还是慎重考虑一下吧！”

晋悼公听完，心悦诚服，便立即派了魏绛去与戎狄各部落缔结盟约，并勤于治理国家，重视百姓的需要，最重要的事是：他将田猎的时间限定在固定时令才进行，不再沉迷于此。

很多主管必须修炼“技术性”、“人际性”与“概念性”三方面的能力。

技术性的能力是指工作上的专业，透过师徒相传或经验累积可以被训练；人际性是与人建立合作及信赖关系，可通过与他人互动以及谈判技巧来培养；而概念性则是思考分析、洞烛先机的能力，通过产业知识经验及广泛涉猎各种资讯渐渐形成。

随着各级主管所负的责任不同，所需要的管理能力比重也不尽相同。

本事件中的魏绛，相对于晋悼公，可以比之为中高阶主管人员。那么他必须要加强的则是人际性的管理能力，透过对上与对下的沟通，完成他为人臣子应尽的责任。他透过历史事件，来敬告国君什么事是该做的，什么事是不该做的。劝诫的同时，也可以看出他概念性能力的增强，透过谈判的条理分析，理性避免战争。良君晋悼公为避免历史重演，不但被魏绛说服了改变田猎体制，也改变了对戎狄的轻视眼光。

齐桓公知道了“蔡姬”另嫁的事，怒不可遏，这不是让他颜面尽失吗？他气得联络盟国，举兵就要攻下蔡国。

第Ⅳ部

战争策略

27 | 人才运用时机 |

长勺之战 | 曹刿论战 | 一鼓作气

在商场上南征北讨，最重要的是什么?

身为一个前线主管，能不能识得人才并且信任重用将是决定一场战打得漂不漂亮的因素——但不是最重要的。

但要成为一个能成大事的人才，除了小心谨慎、能力，还要有全局观——看得清现场并能理性分析，即使在实行后也要能够运用敏锐的观察力，才能将混乱的局面保持在可以掌控的状态。

庄公八至九年（公元前六八六年至公元前六八五年）

在这之前，齐襄公和自己的妹妹通奸，而她已经是鲁桓公的夫人，鲁桓公因为知道了这件事，就被齐襄公设计害死。所以鲁庄公才即位。

到了庄公八年这年，齐国发生了内乱，襄公被“公孙无知”的亲信杀死，公孙无知自己当了国君。可是他因为政令无常、朝令夕改，没当多久国君就被人杀了。

在襄公即位的时候，鲍叔牙就保护襄公的弟弟公子小白到莒国去避难。在襄公之乱发生的时候，公子小白的哥哥公子纠被召忽和管仲两位师父护送到鲁国来，鲁庄公是公子纠的舅父。公孙无知被人杀了后，齐国的君位空悬，最有资格成为国君的公子纠和公子小白都在国外，那么，就看谁先回到国内夺位了。

小白所在的莒国比纠所在的鲁国离齐国更近，因此小白就先一步登基为王，成为齐国第十五位君主——齐桓公，并创造了齐国的霸业。

至于齐国跟鲁国是怎么打起来的？是因为鲁庄公想要让纠成为齐君，所以和齐国的军队对战，鲁国败于齐国的干时这个地方，但他发誓一定要报仇。齐桓公知道了这件事，所以决定攻打鲁国。

庄公十年（公元前六八四年）

这年春天，齐师进攻鲁国，鲁庄公准备迎战。这时曹刿知道了这个消息，就打算去面见庄公。他的同乡都揶揄他说：“国家大事，自然有那些做大官的决定就好了，你又何必插手呢？”曹刿说：“这些位高权重的人，都是些鼠目寸光的人，他们是不可能深谋远虑的。”于是，他就去拜见了鲁庄公。

他一见面就问庄公：“君王您凭什么和齐国开战呢？齐国可是幅员辽阔的大国，而我们不过是个小国。”

庄公说：“我是真心对待我的臣民的。凡是吃的、穿的这些民生用品，凡是我所拥有的，我都会分给我的臣下。我想他们会感念我的恩泽的。”

曹刿笑说：“这些不过都只是一些小恩惠，而且也不是遍及全国，他们是不会愿意跟着您决一死战的。”

庄公说：“我不只是对人好而已。祭祀的时候我也是虔敬诚实，该祭拜的牲礼、珠宝有多少就说多少，不敢虚报，我这样诚实守信，天地神灵想必会护佑我的。”

曹刿说：“这些都只是小信用而已，鬼神不会因此就让你打胜仗的。”

庄公又说：“我治理百姓也是很尽心的，大大小小的官司诉讼，虽然我没有办法一一明确判决，但是我总是根据当时的状况，尽可能处理得合情合理。我想老百姓会愿意支持我的。”

听到这里，曹刿开心地说：“您这样尽心竭力地为人民做事，百姓会拥护您的。凭这一点，就可以跟齐国打仗了。打仗时，请让我跟随在左右，随时为您献计策。”庄公就和曹刿坐在同一辆兵车上，与齐军在鲁国的长勺会战。

鲁庄公正在击鼓欲进攻时，曹刿阻止了他。直到齐军击了三次鼓，曹刿才说：“可以击鼓进攻了。”果然齐军大败，落荒而逃。庄公想要乘胜追击，又被曹刿阻止了。他下车观察了齐军的车轮的痕迹，又站在车前的横木瞭望敌军，才跟庄公说：“可以追击了。”于是庄公下令开始追逐齐兵。鲁军一听到可以追击，个个奋勇争先，把齐军打了个落花流水。

打了个大胜仗，鲁庄公很高兴，但是不明白曹刿这么做的道理，于是就问曹刿，为什么要那样指挥。

曹刿说：“作战这事儿，讲究的是士兵们的勇气（一鼓作气，再而衰，三而竭）。第一次击鼓时，军士们全都鼓足了勇气；到了第二次击鼓，他们的勇气就消退了；第三次击鼓时，勇气就一点儿都不剩了。齐军的勇气全都消失殆尽，但是我们的勇气正旺，所以才能击退齐军。”

“那为什么不立即追击呢？”庄公问。

“齐是个大国，我们没有办法预测他们的动态和实力，怕诈术或路上可能会有埋伏。所以我下车观察他们撤退的车痕零乱，远望看到他们的军旗也都倒得乱七八糟了，想必是真的败逃，所以才会让您下令追击。”

在原文中对于曹刿的描述，透过乡人与曹的对话，显示了曹的能力不凡。又从战场上的指挥若定与观察细微，看出了这个人才的足智多谋与小心谨慎。他所运用的心理战术，确实也收了胜仗之效，成为春秋时代以少击众大获全胜的经典战事。

透过曹刿与鲁庄公的对话可以发现，他们谈的并不是船坚炮利、兵士多少、体魄强健、作战策略等战争的实际面，而是——民心向背——也就是作战最根本的资源，如果他的人民手下是真心拥护庄公，那么这场战争就已经有了一个好的开始，因为百姓和国君都是站在同一条船上，共同承受这场战争的结果，也就是士气的消长与人民的信任，因为军士都是从人民中选拔出来的呀！所以曹刿也才会提醒庄公：那些外在的祭品或是对身边的小恩小惠都是次要的，最重要的是他是否获得民心，这才是关键；就这点来看，庄公果然是很成功的。

28 | 忽视承诺的代价 |

秦晋韩之战

古代的战事进行前，总会有卜官来进行预测。这种预测，虽然不如现今商场上的“SWOT 分析”评估那样讲求逻辑，但却也能借由占卜结果而影响士兵士气。换句话说，如果统帅能够善用占卜结果，拟定良好的应敌策略，谁也说不准战事的结局会是什么。

胜败乃兵家常事，问题是能不能从战争中得到、学到些什么。战后的会谈也是外交上能够决定国际地位的关键。这场秦晋韩之战，并没有太多策略的描写，不过谈判辞令的技巧却是十分高超。

僖公九年（公元前六五一年）

这一年，晋献公逝世。公子夷吾在梁国，执政大臣里克要迎接他回国，惠公担心有诈，央求秦国帮助，所以秦穆公以武力护送公子夷吾回国，让他回到晋国登基，成为晋国第二十二位国君——晋惠公。

秦穆公的夫人，是晋献公的女儿，晋惠公的异母姐姐，大家称她为“穆姬”。当初夷吾要回国的时候，穆姬特别嘱咐他，要好好照顾已逝太子申生的夫人贾君；会做这样的嘱咐，是因为太子申生是穆姬的同母弟弟。还特别吩咐他，要把因为骊姬之乱而流亡在外的公子都接回晋国安顿，惠公也都应允了。

僖公十五年（公元前六四五年）

可是惠公回到晋国，非但没有迎回流浪在外的公子，还奸淫了长嫂“贾君”。这些事被穆姬知道了，她因此非常痛恨惠公。除此之外，当初惠公曾经答应要酬谢那些他还未即位时管理晋国的执政大臣，可是等到他上任了，这些话又当作没说过了。

秦穆公之所以会帮助晋惠公就任，也是因为惠公曾经应允要将晋国黄河以南的连着的五座城池送给穆公，东边到虢略、南边到华山、北边到晋国内地解梁城。可是等到他即位了，这些话又不算了。

晋国遇到饥荒，秦国二话不说输送粮食到晋国；可是秦国在去年遇到饥年的时候，晋国却不肯将粮食卖给秦国。基于这些原因，秦穆公决定举兵攻打晋国。

秦军内部

出师之前，秦国的卜官卜徒父占卜了战争结果，得到吉兆。他立即禀告秦穆公：“这场仗，秦军会顺利渡河，而且晋军一定会大败。”

穆公立刻追问：“详细卦象显示什么？快说给我听！”

卜徒父说：“这是个大吉的卦象哪！显示秦军会连续打败晋军三次，最后还能俘获晋君。是‘蛊’卦，卦辞说：‘千乘三去，三去之余，获其雄狐。’意思是说，晋君这大国，一定会连败三次，雄狐指的就是晋侯。蛊的下方是风，上方是山；如今已经是秋大，风必然能将山上的果实都吹落，如此一来山上的材也必须取用了。何以说这个卦兆对我秦师有利？晋国就像那山上的树木果实一样落地，难道还能不败吗？”果然晋军三度败逃，全军退到韩地。

晋军会议

晋惠公跟大夫庆郑商议对策。“现在敌军已经长驱直入了，你看要怎么办呢？”惠公显得慌慌张张。

“国君哪！您也很清楚这是因为您不守信用、幸灾恼邻，才导致秦军忍无可忍，这还能怎么办呢？”庆郑对国君说话也是很不客气的。

“放肆！”惠公恼羞成怒，认为庆郑出言不逊，胆敢如此教训自己。

接着惠公就找了卜官来占卜，决定由谁来做王车的右卫。不巧，卜出来竟然就是庆郑。惠公还在气头上，索性舍庆郑不用。他决定由步扬驾车，家仆徒作为王车右卫。选择驾王车的马是从郑国进贡的、品种名叫小驷的马。

这时候，庆郑又发言了：“古时候带兵作战，都会用自己本国产出的马。它们生长在自己的土地上、喝国内的水，比较明白国人的心思，能够接受国人的调教，也熟悉本国道路。这种特质一旦在打仗时，不论发生什么事都方便随意驾驭它，总是比较顺从人意的。可是如果您现在用的是国外的马匹，万一有什么意外发生，它恐怕会因为害怕而改变了平常的状态，和你想要驾驶的方向不同。再说了，马儿一受到刺激，就容易呼吸混乱，乱气喷于外、血液在体内急速循环，外强中干；如此它既进退不得，又没有力气可以坚持下去，到那个时候，国君您一定会后悔不已的。”

可以想见的是，现在不管庆郑说什么再有道理的话，惠公都听不进去。

这一年九月，惠公决定迎敌。他先派了韩简去刺探秦军敌情，韩简得到情报后立刻回报："君王啊，秦兵的数量比我们还要少得多，可是他们的斗志却比我们的军队还要高昂一倍以上哪！"

惠公难以置信："为什么会这个样子呢？"

"国君您当初流亡在外得到秦国的资助，后来得以回国即位，依靠的也是秦国的武力，而我国遇上天年不好、饥荒的时候，也是秦国的粮食帮我们渡过难关。受了人家三次大恩而不报，因此秦国要来征讨我国。现在国君您非但没有自我反省以求和，还出兵迎击；因此我们士兵的气势懈怠而秦军的气势昂扬，而且照此看来，秦军信心坚定的斗士可比我们晋军多上一倍不止啊！"韩简细心分析着双方士兵的状况，想要劝谏国君谈和。

刚愎自用的惠公，大概没有办法接受韩简的直言吧！"一个普通人尚且不能被人轻慢侮辱，何况我们是一个大国呢？"他不服气地说着。

为了不甘示弱，于是他正式派遣韩简带话给秦穆公，向秦国下战帖："我不是什么有才能的人，我只知道要怎么样把兵士集合起来，不知道要怎么样才能够解散他们。如果你不退兵，晋国是一定不会回避，肯定奉陪到底的！”

秦穆公见晋惠公态度如此强势，就派了公孙枝传话：“当你未能回到晋国时，我为你担心；当你已为晋君可是地位不稳时，我为你忧惧。如今你国君之位已然稳固，我想我也没有什么理由不接受你的挑战了。”

韩简很清楚，此战的结果会是什么。他回到晋营，不禁喃喃自语着：“这次，如果能够成为秦军的俘虏，我看也就是万幸了。”

韩 原

九月十三日这天，两军在韩原短兵相接。

那匹晋惠公指定拉他战车的小驷马，果然陷在泥泞里只能转圈，怎么样也出不来。惠公这下着急得不得了，他高声疾呼庆郑来解救他。谁料到庆郑却这么说：“您既不听劝又不依占卜，这祸败岂不是自找的吗，又何必逃呢？”说完他就离开了，也没打算救出惠公。

梁由靡驾着韩简的兵车，虢射作为他的车右；这边竟如此好运遇到了秦穆公的座车！眼看就要把秦穆公擒到手了，无奈庆郑却不肯救惠公，耽误了韩简，就失去了这么个大好机会。结果，非但没有擒到秦穆公，反而是晋惠公让秦军俘虏了。

这回晋国大夫全都手足无措，披头散发、不顾形象、风餐露宿地跟着秦军的队伍。

秦穆公看这景象，就派使臣去嘲弄这些大夫："你们又何必这么哀伤难过呢？我只不过是跟着晋国国君一路西行，也是在替晋国平息前些年的妖梦之言罢了，我怎么敢把晋国国君当成俘虏押回秦国呢？"

晋国大夫狐突曾经在鲁僖公十年的时候半夜不睡，说遇到了已故太子申生的鬼魂，不但斥责惠公无道，还预言惠公必然会在韩地被秦军击溃。所以秦穆公故意派人这么说，就是要收服晋大夫们的心智。

只见晋大夫个个跪倒在地，一个劲儿地向秦穆公叩首再拜，"秦君您脚踩地、头顶天，天地神灵都听到您这番话了；我们晋臣全都甘拜下风！"

秦国都城

消息很快传回了秦国都城。穆姬听说秦穆公要将晋惠公押解到秦国来，立刻带上了自己的孩子们：太子罃（音英）、弘，女儿简、璧，兄弟姐妹四人登上高台，堆起干柴，准备放火自焚。

她派了宫人穿着丧服去迎接穆公，并转告说：“上天降下了这样的灾厄，让两国的国君不能彼此以玉帛为礼正常相见，而非得兴师作战、兵戎相见。国君啊！如果您早上将晋君虏进都城，婢子我晚上就死；如果您晚上将晋君送进来，那我隔天一早就身死。这件事，只有您才能裁决了。”

穆公一看这状况，着实头痛。只好将晋惠公先安置在秦都郊外灵台这个地方；可是秦国的大夫却一致请求将惠公押入都城。

穆公说：“这次能够俘获晋君，我原以为是最丰盛的战果了；哪知道会因此引起夫人想自杀的念头？如果我的妻小皆因此而死，那我还要他晋惠公干什么呢？对大夫们又有什么好处呢？而且不久前晋国大夫确实是以真情感动了我，他们甚至也提醒了我：天地都听闻到我所说的话。我如果没有将他们的忧伤放在心上，那么晋国对秦国的愤怒，必然会加深；我如果不能履行自己的诺言，就是违背天意。加深晋国的众怒，这责任我担待不起；违背天地对我不祥。我们，还是把晋君放回去吧！”

穆公的儿子公子絷（音直）就说：“不如我们就杀了晋君吧！免得他再回国相聚为恶。”

公孙枝则说：“不如我们放晋君回去，以他们的太子作为交换。这样应该对彼此都好。晋国太大，不好一下子就灭掉，如果这个时候杀掉他们的国君，那么一定会造成彼此之间的交恶。

况且周武王时的太史佚就曾说过：‘无始祸，无枯乱，无重怒。’不要做第一个做乱的人、不要乘他人之乱为自己贪利、不要增强他人对自己的怨怒；他人对自己的怨怒承担不起、恃强欺凌他人则对自己不祥。”

穆公觉得公孙枝的一番话很有道理，就答应跟晋国讲和了。

惠公一听到消息，立刻派郄（音细）乞回国，将秦国允诺和谈的消息通知子金，召他到秦国来谈判。

晋国宫内

子金一收到消息，马上心生一计。他教导郄乞先以国君名义赏赐群臣，再以国君之名告诉他们：“我虽然可以被释放回国，可是早已侮辱了国家尊严。你们可以用卜筮来决定要如何辅佐太子幸即位。”

晋国群臣听了这番话，纷纷感动得落泪。晋国在这样的情况下改田易制，将公田的税收赏给了群臣。

子金这时候说：“我们的国君在外被俘虏，不担忧自己的下场，反而还心心念念着我们。这真是无上的恩泽呀！那我们要怎么做，才能报效国君呢？”

群臣七嘴八舌地讨论起来，子金这时候接着说：“如果我们征收赋税、整治军备、辅立太子……让各国知道，我们晋国已立了新君，且群臣和睦、武器装置、铠甲兵士也都比原本多，这样一来，原本和我们晋国关系良好的，就会支持、勉励我们；而那些与我们交恶的国家，也会因此惧怕我们，不敢来犯。这样做，或许就是最好的吧？”

大家对于子金的话，都心悦诚服。晋国也就在这样的情况下，开始整治了各地的武装训练。

秦国王城（今陕西朝邑县东）

到了十月，子金前往秦国与秦穆公谈判。

穆公劈头就问：“怎么样？你们晋国内部意见相合吗？”

子金说：“我们晋国的意见并不一致。基层人员为国君被擒感到羞耻、为战争失去的亲人哀恸，因此他们不怕征收军赋、修练甲兵这些辛苦，拥立太子幸为新国君，他们信念坚决，他们说：‘这个仇一定要报，就算因此向戎狄两国低头借兵也甘愿！’上层官员则是爱护君主的，他们也知道国君应该要为他自己犯的错负责任，所以征税、修治军备，只为了等待秦君将我国国君送回来的命令，他们说：‘这个恩是一定要报的，就算因此死了也对秦国友好绝无二心！’所以，晋国国内的意见并不一致。”

穆公接着问："那你们怎么看待晋君的命运？"

子金照实回答："基层人员只是忧伤，认为国君一定会被秦国杀害；而上层官员用自己的思维推测，他们认为秦国一定会将国君送回晋国的。

基层人员说：'我们对秦国恩将仇报，秦国又怎可能放回国君？'

上层官员则说：'我们都已知错了，秦国一定会把国君送回来的。国君当初对秦国有异心，穆公您已经将他擒获，既然晋君已经认错服罪了，那秦国一定会把他释放回来的。没有什么恩德比秦国这样做还要深厚、没有什么刑罚比秦国这样做还要威严了。

服罪的人，回国之后就会感念秦国的恩泽；叛离的人会害怕秦国的刑罚。所以经过了这一次的战役，您秦国已经在诸侯国中树立威信，足以称霸。

当初秦君您立了他为晋君，可是现在又不肯稳固他的君位，废了他却又不另立新君，这不是将原本的恩德变成仇恨了吗？我想秦穆公您是不会做这样的傻事的。"

子金这一番话，完全就是顺着秦穆公的心思说的：他的确是想成就霸业。

“你这话说得真是不错！正合我的心思！”于是，穆公便将惠公从灵台移居到宾馆，以国君之礼接待他。

事件进行到这里，也接近尾声了。那么，当初对晋君见死不救的庆郑呢？我们来猜猜看，他的下场应该会如何呢？

（1）逃得无影无踪

（2）惠公有仇必报，杀了他

（3）惠公大发慈悲，放了他

（4）庆郑说服惠公为自己加官晋爵

晋 国

蛾析问庆郑说：“国君就要回来了，你之前那样对他，还不打算逃走吗？”

这庆郑倒也深明大义，“当初我陷害国君，所以战败被俘。国君失败，我没有为了他战死，如果我现在还逃走，让国君不能施行刑罚来处置有罪的我，那么我就真的失了臣子之道了。如果国君要杀我，我又能逃到哪里去呢？”

他也没有办法预料自己的命运，但他相信这是他作为一个臣子最后赎罪的机会了。

到了十一月，秦国将惠公送回了晋国。

十一月二十九日，惠公杀了庆郑才进入都城。

这一年，晋国又遇到饥荒。秦穆公又将粮米赠送给晋国。“我虽然怨恨晋国的国君，但是我怜悯他们的百姓哪！我听说晋国是唐叔的后代，殷商的太师箕子曾经说过：‘唐叔的后代一定会强大的。’晋国，又岂是我能图谋的？姑且对晋国多施些恩德，等将来有能力的人出现吧。”

从这个时候起，秦国开始征收晋国河东地区的税务，并设置官员来管理边界。

这两国国君对于占卜的应对不同，晋惠公就算本来有机会可以得胜，却也因为刚愎自用，对占卜却不相信，那又何必多此一举？纵使有好的部下，领导者不知如何调度，结果也只好如占卜所预言的了。他的昏庸任性，在故事中展露无余。作为一个国君，因为言而无信而自食恶果：其实这样的故事就好像《狼来了》一样，只不过造成的损害更大而已。但也不得不承认，他的际遇真的很好。他做了这么多错误的决定，导致自己走向失败，却没有灭亡，最重要的两个贵人就是姐姐穆姬和子金。穆姬受宠，不忍见自己的夫君和弟弟相残，所以她以性命相胁，是会受到秦君的重视的。而秦穆公对于占卜结果的重视与尊敬，加上本身能力，最后也果如占卜所言，凯旋荣归。

晋国的子金思量缜密，先将国内安顿好之后，在秦君面前刻意将国内分为两派说法，一则强硬派，让秦君知道晋国是有武力可动的；一则温文派，一方面也让秦君有台阶可下，保持两国的友好。如果只是强硬，可能会激怒秦君杀了国君；但如果只是软弱，却可能让秦国看扁晋国，引发野心。子金这样的做法不卑不亢，又能达到释放国君的目的，也难怪晋君要特地派他前来和谈，实在是一个不可多得的人才呀。

29 | 东方木马屠城记？

齐桓伐楚 | 召陵之盟

这个故事就像是东方的特洛伊战争，也许蔡姬没有美到倾城倾国，不过已足以让齐桓公下令征伐蔡国与楚国。但真的只是为了美人不惜动摇国本吗？齐桓公身为一代霸主，真有如此昏庸？

僖公三年（公元前六五七年）

齐桓公是春秋五霸之一，他即位后不久，就开始展现他的雄才大略。这一年，他已管理齐国近三十年了。内有管仲为相，替他将国家治理得井井有条；对外，只要他一声号令之下，诸侯无不俯首称臣，为了自保，无所不用其极地讨好齐国。

蔡国就是这样，蔡穆侯将自己年轻貌美的妹妹嫁到齐国。

齐君也很宠爱她。这一天，她和齐君乘船玩耍的时候，忍不住调皮了起来，将船身在池中摆荡。齐桓公年老，怕落水；他喝令蔡姬停止这样“玩命”的行为，不料蔡姬见他害怕，反而玩得更起兴。

这下齐桓公可真给气坏了。他将蔡姬遣回蔡国，要她好好反省反省。他的目的，其实只是要蔡姬认错而已，没有要休了她的意思。结果蔡穆侯误会了，认为齐桓公太不识好歹，怎么可以让妹妹忍受这种羞辱？于是就将蔡姬又嫁到别的国家去了。

僖公四年（公元前六五六年）

这年春天，齐桓公知道了蔡姬另嫁的事，更是怒不可遏，这不就让他颜面尽失吗？他气得联络盟国，举兵就要攻下蔡国。

这个时候，谁和齐国过不去，就是和自己家的身家安全过不去；诸侯国没有谁敢不出兵的，于是由齐国领兵，联合了鲁、宋、陈、卫、郑、许、曹等共八国联军征讨蔡国。蔡国哪里挡得了这来势汹汹的大军？当然是溃散了。

打完了蔡国，趁着地利之便，齐君告诉诸国说，“接着，是要远征楚国了。”要打人，也是要有正当理由的，虽是听说蔡姬再嫁的国家就是楚国，不过没有人敢保证。但也总不能告诉诸侯国说他老人家出兵，只是为了把老婆蔡姬给抢回来吧？所以他就编了个冠冕堂皇的理由，率领大军南下。

到了楚国，楚成王派遣使者前来询问：“齐君啊，你住北海，我住南海，我们两国相距这么远，就算都在放牧牛马好了，它们彼此之间也扯不上关系，本来就是风马牛不相及。我们实在也是猜不到，今天您进到我们这小地方来，不知是为了什么缘故呢？”

管仲就说了：“当年辅佐周成王的召康公曾命令我先祖姜太公说：‘公、侯、伯、子、男这五等爵位的诸侯，还有放诸四海九州的伯长，只要有罪行，你就有实权可以讨伐他们，进而辅佐周王室。’召康公赐予我先君的征讨的范围：东边到海、西至黄河、南方穆陵、北达无隶。”

接着管仲开始正经八百地罗列楚国的罪名：“包茅，是你们楚国的特产，也是楚国应该进贡给王室用来滤酒的重要贡品。可是你们楚国已经三年没有向王室进贡了，这导致天子没有干净的酒可以献给神明，今天我军是特地前来向你征收这些货物的。还有，当初周昭王巡狩南方，却迟迟没有回国，我军特来向你质问这件事。”

楚使面对管仲咄咄逼人的语气，只是不慌不忙地回应着：“没有进贡包茅，这是我国的疏失，以后怎么还敢不进贡呢？但至于周昭王南巡没有回国，我想，您还是到水边去问一问吧！”

周昭王是约莫三百年前的天子，因南巡却不慎溺水而死。史书上说得隐晦不明，传言是因他所坐的船为胶粘的船，船划行到汉水中央的时候，胶溶解、船也就破了，因此昭王溺水而死；但其实这只是齐桓公用来征讨楚国的借口罢了，他也知道，楚君是怎么样也不会认这条罪名的。

齐国见楚国不肯认罪，于是就继续对楚国用兵，大军在楚国陉（音形，位于今河南郾城县南方）这地方驻扎，准备长期作战。到了夏天，楚成王派了使臣“屈完”到齐军交涉，因此齐军退后了些，暂时在召陵这个地方扎营。

齐桓公将诸侯军队一字排开，和屈完同坐一辆兵车上观赏诸侯的军队。这毫无疑问，是在向楚国示威。“这些诸侯国愿意出兵，并不是为了我个人，而是为了继承先君的友好关系，”齐桓公说到这里，看了屈完一眼，“怎么样，你们楚国也和我们建立友好关系吧？”

屈完说：“承蒙您光临敝国，又能忍辱我们国君同好友好，我想这是我国国君十分乐意的事。”

齐桓公软硬兼施，看屈完的态度似乎也不急着结盟，于是继续说着：“你看看，我领这样的军队作战，谁能够抵挡得了他们？率领这些诸侯国攻城，又有哪一座城池不会被我拿下来！”

见齐桓公强硬了起来，屈完只是不疾不徐地说着：“这样说没错。但请您也别忘了，您若以仁德来引领诸侯，谁敢不从？而您若是只想用武力征讨，我们楚国就算是以方城作为楚国的城墙、用汉水作为楚国的护城河，就算您的军队再多，我看也是无济于事！”

最后，楚国以屈完为代表，和诸侯国建立了召陵之盟，齐桓公见事已至此，也就匆匆将诸侯大军率领回国了。

看起来，好像真的是东方木马屠城记。

齐桓公积谋二十余年，岂会因一姬而战？不过就是需要个理由罢了。这是史家对于桓公的评论。那么齐桓公打楚国，到底是为了什么？

就当时国际形势而言，齐、楚同为大国，齐国只是利用伐蔡之便，给楚国来个攻其不备。但他没能力也不是真心想要灭掉楚国，只是给楚国警告，要一点霸主的面子。那么，前来和谈的人，没有两把刷子可不能成事：要给齐国面子，又要不失楚国国家颜面；这中间的分寸拿捏，可得小心翼翼才行。屈完在这方面，算是进退得宜的。小过可认错，但谋杀先王这责任，可不是楚国担得起的。适时的装傻也是聪明的，明知齐国大军无事不登三宝殿，自家三年不进贡也是知道的；但这样才真是大智若愚：楚国自己不提那些已知的过错，让齐国说明侵楚的原因，也是卖给他们一个兴师问罪的机会。

齐桓公炫耀过了头，最后失言威胁，却被屈完反将了一军，正色地告诉他：楚国不怕强兵。这次齐桓公虽签下盟约，却也是丢足了脸面。

30 | 了解属下特质 |

屈瑕骄兵必败

楚国地处偏远，一直以来都只在南方拓展领地。但即使是这样一个大国，也会有吃败仗的时候：最显著的例子就是这次屈瑕领兵攻罗国，因轻敌而惨败。他让原本应该是一个“团队”的军队，成了一个无绩效的“团体”。

所谓团体，是指为了共同目标而存在，但彼此却不分工合作，也不沟通。而团队则是适才适用，彼此信任。你的工作环境，是团体还是团队？

桓公十三年（公元前六九九年）

楚国在这年春天，举兵攻打弱小的罗国。军队出发前，大夫鬭伯比去为领军屈瑕送行。屈瑕是楚武王时期的莫敖，这个官位是当时楚国高级官职，向来由屈氏世袭，可以自由参政或议论军事，权力很大。

鬭伯比只是观察着屈瑕的动作，忍不住摇着头。他对他的车夫喃喃自语："这下不好，莫敖一定会失败的。"

车夫不解，鬭伯比继续自说自话："瞧他走起路来的样子，把脚抬得那样高，走起路来摇摇晃晃，防敌的心已经浮动、不坚固了。"于是他就去面见楚武王，要求楚武王加派援军；楚王觉得鬭伯比这个请求也太莫名其妙了：罗国是个小国、屈瑕又是常胜军，哪里有理由增援？何况，楚军已经全数出征，还要增什么兵？于是就拒绝了这个建议。

但他是在意这件事的，只是左思右想，想不出个所以然，所以回宫后就与夫人邓曼讨论了起来。

"鬭伯比请求对屈瑕的增援，也没说明为什么，我想了想，就回绝他了。夫人，你是怎么看这件事的呢？"楚武王将自己的疑惑道出，也许冰雪聪明的夫人能有所回应。

"也许大夫他的意思，并不是增加实际军援人数的多寡。"夫人很快就有了答复。

"他想提醒国君您的是用'信'来安抚百姓、用'德'来教育官员、用‘刑’来对莫敖立威信。两年前莫敖在蒲骚之役大败陨师之后，一直为这件事扬扬得意，这几乎是全国人民都知道的事。如果照这样发展下去，莫敖一定会自以为是，难免会轻视罗国。

如果国君您都不好好戒饬莫敖，恐怕他是一点也不会防备敌军了吧？我想，鬬伯比说的，是请君王好好训诫将官、对他们严加督察，把他们召集起来，用德性来勉励他们，让他们提振精神去打这场仗。好好地提醒莫敖，千万不要因为一次的胜利就大意，如果因为轻敌而吃了败仗，上天是不会原谅他的过错的。如果鬬伯比不是这个意思的话，他难道会不知道楚国的军队已经全都出发了吗？哪里还有军队可以增援呢？”

夫人这么一说，楚武王终于恍然大悟。他立刻让自己属国赖国人去追赶屈瑕的军队，看能不能因为距离比较近而将“骄兵必败”的告诫带给屈瑕，结果很可惜，部队走得太远，没有追上。

屈瑕的确是骄傲了。有了之前大胜的经验，他刚愎自用，认为自己的意见一定是对的。他在军中下了通告：“谁敢来向我提意见，通通以军法处置！”士兵们看到这个公告，纷纷噤若寒蝉，但大家心里都明白，这莫敖，肯定是被胜利冲昏了头脑。整个部队里人心惶惶，一盘散沙。

部队行军到了鄢水（位于湖北保康县西南边，今名蛮河），渡河的时候失了行列，一片混乱，早就没了次序。罗国已经近在眼前，楚军的防卫机制还不知道在哪里。士兵一路风尘仆仆来到罗国，早已疲惫不堪。

但罗国早已和卢戎这个南蛮国家谈好条件，也对这次战役做了万全的准备，不但修筑城墙、训练武士、增添军备，最重要的是上下一心。果然，在卢戎与罗国两面夹击之下，楚军遭痛击，被打得节节败退。眼见兵败如山倒，屈瑕完全无法接受："怎么会这样子？我的军队应该是最强的啊！"由于不知该如何面对，他在荒谷（今湖北江陵县东南）这个地方上吊自杀了。

之后，所有的将领将自囚于冶父（今湖北江陵县东南），准备听候楚王的责罚。

楚武王见到了这些将官与所剩无几的士兵，痛心地说："这都怪我治军不严，今天才会惨败，一切都是我的错啊！"他将败仗的责任一肩扛起，赦免了所有的将领。

从这件史事中，除了确实认识"骄兵必败"之外，楚武王显然对于自己的属下了解并不甚深，反倒是鬬伯比透过观察而能进行预测。如果运用管理守则的归因理论，则能理解屈瑕何以产生这样的行为：在屈瑕的内心本就存有"骄傲"的特质，何况外在条件方面，他是楚国最高官职、之前又屡建战功，所以面对这样的状况，鬫伯比提出了要对屈瑕个别教育，可惜这项任务并没有完成。

管理者通过归因理论来了解他所统御的部属，虽然可能会造成偏差判断，在多数时候却可以由源头解决员工问题，控制内外在因素，进而收到管理者预期的效果。

31 | 战场上的策略及大局观 |

晋楚鄢陵之战

郑国背叛晋国，还攻打宋国，是这场战争的导火索。楚国在各方面都没有准备好的情况下应战，并且自我感觉良好，在老者申叔时一针见血的分析之下，果不其然一语成谶：楚军大败。这场战争晋国虽然胜利，却也并不是好事。“国无外患必有内忧”，此战引来的，是晋国另一场危机。

成公十六年（公元前五七五年）

春天，郑国正式背叛晋国，转而和楚国结盟。夏天，郑国的子罕攻打宋国，宋国派了将鉏（音除）和乐惧在宋国汋（音月）陂（音皮，今河南商丘与宁陵间）这个地方将子罕打败，但就在宋国要退兵的时候，没有预料郑国还能突袭，宋国在完全没有戒备的状态下失败，将鉏、乐惧两人还被俘。

卫国国君决定攻打郑国，大军行进到了鸣鴈（音验，今河南杞县北），他决定这么做的原因，是为了对晋国表示忠诚。晋厉公要攻打郑国，晋国大夫“士燮（音谢）”就说：“如果只是为了满足我们的欲望，当诸侯都背叛我们的时候，我们可以这么做；可是今天只有郑国一个国家背叛我们，这么做的话晋国的忧患必然随之而至啊！”他这么说的意思是如果诸侯皆叛，那么晋君就会小心谨慎；可是如果只攻打郑国，晋国轻而易举就能获胜，如此必然骄傲，而骄者必败。

但朝政总有不同声音，这时“栾（音峦）书”就说：“还有我执政的一天，就不可以失去诸侯！郑国，我是一定要打的！”于是晋国就攻郑了。栾书统率中军，士燮为中军副帅；郤錡统上军、荀偃辅佐上军；韩厥任下军；除了上中下三军之外，另立新军由郤至佐领，而荀罃（音英）则留守城中。郤犨（音抽）先后到卫、齐两国请求援军，栾黡（音眼）则到鲁国搬救兵，鲁国的孟献子见到这阵仗，说：“如此一来，晋国有战胜楚国的希望了！”四月十二日，晋军正式行动。

郑国听说晋军大兵压境，立刻到楚国求援，姚句耳陪同使臣前往楚国。楚共王决定出兵援郑，由公子侧统率中军，公子婴齐任左军，公子壬夫率右军。

申邑（今河南南阳县北）

楚军行经申邑时，会见了楚国的老臣申叔时。公子侧问他：“这次楚国营救郑国的行动，您看胜败如何？”

申叔时回答说：“德、刑、仁、义、礼、信这六者就像打仗的武器一样，缺一不可。有德才能施惠于民；正确用刑才能导正顽邪；精诚专一祭祀才能获得保佑。有是非标准就能取利；遵守礼法就能顺应时势；诚信无欺就能保守万物。

“人民的生计富庶就表示上位者德正，人民生活便利、祭祀也有合宜的安排；人民能顺时而动，百物就能顺成。上下皆能和睦，遵从天地法则而不悖逆，上层管理人员有所求用的时候，基层人员皆能有所准备，这是人们都知道的准则。《诗经》说‘立我烝民，莫匪尔极’，就是说先王立其民，而众人行事皆能以先王为楷模；这也是先王的治民之道，能使民众有所依循。因此神就愿意降福给他们，风调雨顺、国泰民安，同心协力听从上位者的指令，个个全力以赴，人们都愿意牺牲生命来填补战死者的空缺，光是凭借着这样就能够打胜仗。

“可是你看，现在楚国境内：国君不在乎人民生计困苦；对外断绝与邻国的友好，不遵守盟约，在农忙的时候兴兵、劳民伤财来满足自己的欲望，人民都不知道国君的诚信何在了，信任感低落了，犯罪率就会上升。人民对于所在何处都有忧虑了，又有谁肯拼死抗敌？你就尽力去做吧！我可能再也看不见你了。”

姚句耳较使臣先一步离开郑国，郑国公子騑问起了楚军的情况。姚句耳回说：“楚国行军的速度非常快，经过险隘之处显得不整齐。速度太快表示思虑不深，行军不整表示欠缺纪律；这样的军队靠什么来打胜仗呢？”

晋　师

五月，晋军已经渡河了。听闻楚国大军将来交战，士燮却临阵退缩，“我军假装害怕来逃避楚军，这样就能纾缓晋国的忧患。和诸侯国交战实在不是我擅长的事啊！把这项重任交给有能力的人来执行吧！我只求能与群臣一起竭力来侍奉国君，这样做就已经足够了。”

此时栾书坚持挡下士燮，他说：“此事万万不可。”

到了六月的时候，晋楚两军在鄢陵相会。

大战前，士燮还是不想打，犹如最后的挣扎。郤至说：“秦晋韩之战，惠公被俘；晋狄箕之战，主帅‘先轸’战死；晋楚邲之战，主帅‘荀林父’兵败溃逃。这些都是晋国的奇耻大辱啊！你都知道过去我们国君这些战败的事，如果今天我们还回避楚军不肯应战，那岂不是耻上加耻了吗？”

士燮辩说："前代国君之败是有缘故的。秦、狄、齐、楚都是强国，如果自己不努力，子孙必然会衰弱。可是今日秦、狄、齐三强都已经服弱了，我们的敌人只有楚国而已。只有圣人能安内攘外，让内外都没有忧患，我们都不是圣人，如果国外安定，那么一定会有内忧。为何不暂时放过楚国，让国君可以时时警惕着：有个强国在外虎视眈眈呢？"

鄢陵（今河南鄢陵县）

六月底，两军持续对峙着。栾书已经预测了晋师会获胜；郤至也指出了楚军的六大弱点：两名统帅不合、楚王亲兵疲乏、郑军不整齐、蛮军虽成军却没有阵势、打仗不避晦日、士兵在阵中仍喧闹不止。光是这些混乱，就足够让晋军乐开怀了。

楚共王亲自登楼来观看晋军动态，原本晋国贵族伯州犁在他身边侍奉着，一点一滴地告诉他现在晋军正在进行的事。

晋军这边，由于伯州犁投奔楚国，将士们都担心他会将晋国虚实透露给楚国。晋厉公让卜官占卜了吉凶，结果是"复卦"。卦象显示大吉，卜官说："南方国家萎缩，箭会射中国王的眼睛，所以我军肯定是大胜了。"晋厉公因此决定听大夫苗贲（音必）皇的建议，集中攻打楚国最强的亲兵。

有一日，阵地前有个泥沼，晋厉公的兵车不慎卡在里头，

“栾鍼（音真）”为右卫，中军主将栾书本想要以自己的兵车解救国君，却被栾鍼喝退：“栾书走开，国家托付你元帅重责，你岂能专擅处理其他的事！你僭越职权，是冒犯他人；擅离职守，是怠慢自己；远离部下，是犯罪。如此三重罪，不能违犯啊！”栾鍼说完，就把厉公的车抬出泥泞之中。

两军交战中，晋将魏錡一箭射中了楚共王的眼睛，但旋即就被楚国射箭高手养由基射中了咽喉，一箭毙命。

晋国郤至在战争中，三次遇见楚军亲信；他总是脱去盔甲，疾走如风，以对楚王表示尊敬。楚共王因此派人送了一张弓给他，带话说：“值此战事激烈之际，还有一位腿裹着红色皮革的人对我如此有礼，实在是个君子。不知道他见了我走得那么快，受了伤没有？”郤至虽见了使臣，却没有接受礼物，对使臣作了三个揖就离开了。

晋军下军统帅韩厥在追赶郑成公时，驾车的兵士说：“我们可以快些追赶他！他驾车的人频频回头，不专心驾马，一定可以追得到！”

韩厥却不愿意再追了：“不能再羞辱国君了。”于是停止了追击。

此时郤至赶到，他的车右建议说：“派侦察兵绕至郑成公面前拦阻他，我从后边夹击，必能将他活捉。”

郄至也说："伤害国君是有罪的。"也停止了追赶。

这时替郑成公驾车的石首就说："当年卫懿公因为不愿将旌旗收下来，在荧（音营）泽惨败。"于是他就将郑国的旗帜收进弓袋里。郑成公的车右唐苟对石首说："你留在国君身边，如果败了，你还可以驾车带国君逃走，我不如你那么重要，你快驾车载国君脱险吧！我留下来断后。"于是唐苟就跳下车，和晋军战到最后一刻。

楚军落入地形险恶的境地，节节败退，几乎就要无路可退了，此时养由基愤然举箭、箭无虚发；勇士叔山冉再将晋军被射死的尸体投掷向晋师，击中了战车前的横木，晋军这才无法相逼，止住了攻势。此时，楚国的公子茷已被晋军俘虏。

栾针远远瞧见了楚国公子婴齐的旗帜，便向晋厉公请示："当初我出使到楚国时，曾与公子婴齐有过一面之缘，他问我说：'晋国所谓的勇武是什么？'我回答说：'好以众整。'喜欢人多且军容整饬；他接着问说：'还有呢？'我说：'好以暇。'就是临事镇定不慌乱。现在我们两国交兵，如果连个使者都没有，不能算是'有纪律'，上战场就忘记曾经说过的话，不能算是'临事不乱'。请求国君让人送这些酒过去行礼吧。"晋君同意了栾针的请求。

使臣将酒送到公子婴齐的帐前："我们国君缺乏可以任用的

人才，因此派栾针为国君车右，不能分身前来犒赏您的部下，特地派我送些薄酒给您，聊表敬意。”

公子婴齐十分讶异：“那先生曾与我在楚国论过军事，想必今天送酒来也是因为这个原因了，真是好记性！”于是他便接过酒来喝了，让使臣回去重新击鼓作战。

这天从清晨开战以来，到了夜幕低垂还没停火。楚军主帅公子侧命令士兵们清点受伤人数、再一次重整军纪。晋军这边忧患楚国的强势，除了整军之外，晋将苗贲皇还故意将楚国的战俘放回楚营，让他们去报告所见的错误信息。

楚共王一听见晋军精神饱满、磨刀霍霍，且打算隔日就要速战速决，就想召集主帅公子侧来商讨策略。不料公子侧却喝醉酒，根本不省人事。楚共王感叹地说：“这是天意要让楚国打败仗啊！我不能再待下去了。”于是楚共王连夜撤兵。

楚共王撤退，对楚军来说无异是屋漏偏逢连夜雨；消息传出来，楚军都无心恋战，一下子就让晋军占领了营地，连续三天享用楚国的军粮，沉浸在胜利的喜悦里。此时士燮对晋厉公再次劝谏：“国君年少，我们这些臣子又没有才智，凭什么获得这样的胜利？《周书》上说：‘天命不惟常。’是说天意没有固定不变的，只会让有德者享受天命。希望国君您不要因此而自满。”

楚军退回到楚地瑕（今安徽蒙城县北），开始秋后算账。公子侧正为了自己的过失自责，虽然楚共王不怪罪于他，但他认为自己罪不可赦。此时，公子婴齐还派人到公子侧面前来责备他酒醉误军机，公子侧就决定以死谢罪。楚共王虽然派人阻止，但为时已晚。

一切果然如申叔时预料的一样：楚军战败，再也见不到公子侧。

这场战争不同于《左传》其他的战争多叙述战前准备的叙事方式，采用了较多的战争场面的描写；在战争中，可以看到士燮四度阻止战争，这是为什么呢？

晋国的情况就好像青蛙现象一样：青蛙跌入正在加热的锅中，一开始没有觉察危险，等到水温高到青蛙无法忍受时，他已经没有能力跳出锅了。士燮并不是一个贪生怕死之徒。事实上他看到的是晋国厉公的暴虐、群臣骄纵，深谋远虑如他，早已预料日后晋国内部必有大祸：晋厉公被弑、郄氏被灭。但如果保留一个敌国在外，也许可以警醒国君群臣夙夜匪懈。时也，运也，他的警告完全没有效果，鄢陵之战后，他不忍见国家衰微，便在家等死，不到一年即驾鹤西归。

至于楚国，公子侧想必也是因始终不能突破晋军而郁闷，才会饮酒误事，加上楚王带走了部分军队，一步错，步步错；虽然表面看起来是带兵失误，但整体而言，就像申叔时的判断一样，是因为缺少了必要的信任。楚军败仗的原因整篇叙事中很有趣的是关于占筮的那一段，会带领读者忍不住猜测结果是不是真如卜卦一样？神话般的手法也让读者在紧凑的战事中，读起来轻松一些。

32 ｜战争中的正确判断｜

楚子围宋｜华元怒杀楚使申舟

因为一名使节而引起了三个国家的纠纷，但有没有可能：这是楚庄王刻意要引起的战争？楚庄王当时是以怎样的心态让申舟去执行这项死亡任务？是看不起宋国认为他们必不敢反抗无礼的自己？或者是损失一个臣子成就收服宋国的大业未尝不可？又或者帘外看戏，自信宋国必不敢斩杀申舟？

更始料不及的是，宋国竟然没有照着他的剧本：投降归顺。宋国宁死不屈，让楚国只好两军对峙。且看这场韧性十足的围城僵持，最后如何解套？

宣公十四年（公元前五九五年）

这个时期，正值秦、晋两国关系恶化，楚国趁机向北扩张领地。此时最好吸收兼并夹在两国间的小国，这样就可以让自己的势力深入中原。

夏天，楚庄王派遣大夫“申舟”出访各国。在春秋时期，如果要过境一国到另一个国家去，就外交礼节而言，必须要向过境国借路以示尊重。楚庄王瞧不起这些小国，他嘱咐申舟到齐国行经宋国，不必向宋国借路；同时他也派公子冯（此处音凭）到晋国，经过郑国时不必借路。楚庄王打算同时向这两个国家挑衅，反正，他不可能打不赢。

申舟有不祥的预感。二十多年前，楚穆王在孟诸（今河南商丘县东北）打猎时，宋昭公替楚穆王打右阵，在早晨时领取工具出发；结果宋昭公耽误了楚穆王的时间，申舟当众责打了宋昭公的车夫。因为国君遭到羞辱，宋国人一直怀恨在心。这点申舟是明白的。

“郑国人明智，可是宋国人昏聩。公子冯出使到晋国不会遇害，我恐怕必死无疑。”申舟这样对楚庄王说。

庄王说：“他们如果敢杀了你，我一定起兵伐宋，为你报仇。”

申舟听到这样的回答，知道此行难免，于是就将儿子申犀托付给楚庄王照顾，前往齐国。经过宋国时，果然被宋人刁难了。

“经过我宋国而不向我们借路，是看不起我宋国吗？还是把我宋国当成你楚国的边邑了？”执政大臣华元怒不可遏地说。

当他这样一质问，随即又想：楚国打算把我国当成他们的边邑，那么就势必要攻打我们了。如果我今天杀了申舟，他也一定会来攻打我国。既然横竖都是死，不如也就别对楚国客气了。这么一想，他就下令杀了申舟。

消息传回楚国，楚庄王一甩袖子站了起来，疾走。随从追到寝宫才让他穿上鞋、到寝宫门口才让他把佩剑带上、追到蒲婿街市才让他乘上车子。当年九月，楚国即以楚使被杀为由，围攻宋国。

宣公十五年（公元前五九四年）

春天，宋国派人到晋国求援；晋景公本来想立刻派兵援助宋国，却被他的臣子伯宗挡了下来：“不可以。古人有句话说：‘虽鞭之长，不及马腹。’现在上天正在护佑楚国，不可以和他争。我们晋国虽然强，但能违背天意吗？俗话说：‘高下在心。’遇到事情能屈能伸，全在心里有数。河川湖泊容纳污泥浊水；山林草莽掩藏毒蛇猛兽；瑾瑜美玉隐匿着斑点瑕疵。国君请暂且忍着耻辱，这是上天的常道。还请先缓缓吧。”晋景公暂缓了发兵救宋。

不久，晋景公便派大夫解扬到宋国去，去告诉宋国不要投降楚国，晋国的援军马上就要到了。谁知在行经郑国的时候，被郑国人囚禁起来献给楚国。楚庄王重重地贿赂解扬，要他见到宋军时传递相反的信息。解扬不肯答应，劝诱了三次，解扬终于同意。楚人就让解扬登上楼车，要他对宋军喊话说晋军不来支援了。但解扬就运用这大好的机会，仍然将晋景公交代给宋军的话传达过去。

楚庄王这下可动怒了，他因此想要杀了解扬。“你既然已经答应了我，为什么又反悔？并不是我出尔反尔，而是你没有信用。现在你就要接受你应受的刑罚了！”

解扬回应说：“臣曾经听闻过：一个国君能够制定正确的命令，那叫作义；一个臣子能够承接执行君王的命令，那叫作信。能够贯彻信用、推行道义，那叫作利。谋划的过程不失利益考量，保卫国家社稷，那才是百姓的主人。道义不能有两种互相矛盾的信用；同样的，信用不能同时接受两种命令。楚君您贿赂臣下，那是因为您不知道‘信无二命’的意义。我接受我君的命令出国，宁死也不能废命，这岂是可以贿赂的呢？臣下之所以答应您，是因借此可以完成我君之命。死了但却完成了使命，那是我的福禄。寡君有守信用的臣下，臣下获得了完成使命的荣耀，那么，死又有什么好怕的呢？”

楚庄王听完解扬这一番剖析，觉得很有道理，于是就打消了杀他的念头，放他回晋国。

五月，楚国军队决定撤离宋国。申犀五体投地跪在楚庄王的马前叩头：“我父亲申舟明知此行经宋国一定会死，但他还是不敢不遵从国君您的命令。但是国君您现在已经要背弃您的承诺了……。”对于申犀的指控，楚庄王没有办法回答他。

大夫申叔时此时正好为楚庄王驾车，他便说：“修建房舍，让士兵们在宋国种田，这样宋国一定乖乖听话。”申叔时这么做的用意，是做给宋国人看：我楚军并没有离开宋国的打算。楚王就按着申叔时的建议去做了，果然宋国人感到害怕。他们派华元夜探楚营，他潜入公子侧的帐中，把他从床上叫了起来，说：“我国国君派我前来告诉你们我们现在的窘迫：‘现在已经到了易子而食、拆了尸骨当柴火来烧的境地。但尽管这样，你们兵临城下，我们即使灭国也不会在这个时候跟你们楚国签下盟约的！但是，如果你们楚军愿意退兵三十里，我国将唯命是从。’”公子侧害怕华元会杀了他，于是和华元订下了这个盟誓，然后报告楚庄王。

也趁着这个台阶，楚国退兵三十里，最后由宋国的华元为人质，宋国与楚国讲和。盟约是这样的：“我无尔诈，尔无我虞。”意思是说，我不骗你，你也不欺我。也就是说楚国如果不欺骗宋国，宋国也不需要防备着楚国。

这篇记录中，可以对以下这些人进行一些性格判断。

首先是楚庄王，虽然霸道无礼，但从叙述中却可以看出他在政治上的英明：例如他对属下申舟的承诺，以及义释解扬的举措，证明他有其贤能之处。而晋国的解扬则是忠肝义胆、使命必达：他用智慧完成国君交代的任务，还让楚庄王赞赏他的大信大智。最后则是华元的忠厚老实，能坦白对敌军说出己国的窘境，却又不是抛下自尊乞求对方退兵，华元勇敢的行动，已可称之为英雄。

在这一史实当中，也凸显出晋国的无能，不敢与楚为敌救宋也就罢了，还派了大使开了空头支票，简直卑劣至极。至于华元可以只身一人潜入楚营，也显示出楚军已经没有战意，毕竟两国僵持也有八九个月之久，财力、物力、士兵的精力都已经疲乏，楚国不能长此围攻下去，宋人也不愿投降，华元的行动正巧可以让楚国顺水推舟，两国讲和。这也真是个有意思的结局。

33 |“失”策的结果|

齐晋鞌之战

春秋中期，兼并之战如火如荼地展开。齐、晋都是北方大国，两国较劲争领导权的意味十分浓厚。特别是晋国，先前在几次与楚国的争霸战中落败，急于挽回国际声望，于是先取得小国的依附，打算卷土重来。

可笑的是，这场颇具规模的战争，竟只是因妇人一笑而引起?

宣公十七年（公元前五九二年）

春天，晋景公派遣了郤克出使齐国，邀请齐顷公参加会盟。郤克腿有残疾，行动不是很方便；齐顷公本不是很在意会晤，他以玩闹的态度接待晋使郤克，除此之外，还在会场旁用帷幕遮住，请母亲肖夫人在一旁观看。

当郄克一跛一跛地登上台阶之后，一旁偷看的妇人却笑出了声。郄克不甘心被取笑，生气立誓说："不报耻辱之仇，我就不渡黄河！"后来郄克先回国，留下他的副手在齐国待命，郄克交代说："如果不能完成使命让齐君去参加会盟的话，就不要回国复命了。"

郄克回国后，立即向晋景公请求伐齐，景公不准。他不放弃，又要求景公让他率领自己的家臣去攻打齐国，景公还是不答应。

成公二年（公元前五八九年）

春天，齐顷公攻打鲁国北部的城邑，包围了龙邑（今山东泰安县东南）。齐顷公宠爱的仆人庐蒲就魁攻打城门，不慎被龙邑人俘虏了。齐顷公对龙邑人喊话说："不要杀他！我可以和你们订下盟约，齐国人军不会进入你们国境！"龙邑人不听，不但杀了庐蒲就魁，还将他的尸首曝晒在城门上，陈列给齐军观看。齐顷公大动肝火，亲击战鼓；齐国的士兵纷纷爬上城里，三天内拿下龙邑，接着往南进攻到巢丘（今山东泰安县附近）。

同一时间，卫穆公派了孙良夫、石稷、宁相、向禽等人率兵攻齐，路上和齐军撞个正着。石稷想要率师回国，孙良夫说："不可以。我们率兵来打齐国，如果只是因为遇上了他们的军队就不战而回，拿什么回去向国君复命？如果知道不能打，一开始就不应该出兵。今天既然遇到了，不如就正面交锋吧。”

“我军已经败了一仗，如果不能坚持一会儿等待援军，恐怕会全军覆没。官和兵都没有了，拿什么回国复命？”石稷说完，众大夫没有人敢答话。

石稷转身对孙良夫说：“你是国卿，如果战死或是被俘，都有损国家颜面。请你带着大军退回吧！我留在这里断后。”话刚说完，就传来消息：援军已至，且为数不少。齐军看卫军人多势众，暂时也就两军僵持，在卫国鞫（音局）居（今河南封丘县境内）驻扎。

后来，新筑（今河北大名县）的邑大夫仲叔于奚在适当的时间带兵解救了孙良夫，让他免于失败。卫穆公因此赏了城邑给仲叔于奚，不过他没有接受，他请求穆公让他以诸侯用的乐器及马饰朝见国君——而穆公竟然答应了。

孔子听闻了这件事，叹息地说：“太可惜了。应该多给他一些城邑的。礼器和名分不能随便就赏了出去，那是国君掌管的。名位是使人们信赖的象征，而因为这些在上位者使人信任，所以拥有相对应的礼器。礼器中蕴含的是尊卑有序，社会产生了秩序，自然就能够去推行合宜的义。行义就能对百姓有利，生利才能好好治理人民。名、信、器、礼、义、利相辅相成，环环相扣，是治理国家的关键。一旦把名位、礼器随意就赏给了身份不相称的人，那么等于是把政权交了出去。政权一旦丧失，国家离灭亡也就不远了，到那个时候就不可挽回了呀！”

孙良夫从新筑回朝，经过国门都没有进去，直接前往晋国搬救兵，在晋国方巧遇到鲁国大夫臧宣叔也到晋国求援；他们两人都借住在郤克的府中。晋景公同意派七百辆兵车救援，郤克却说：“国君，这样的数量不过是城濮之战的数目。当年有先君晋文公英明的领导，加上先大夫狐偃、先轸等人认真严明的战术，所以才能勉强获胜。我和这些前辈大夫们比较，简直是连供他们差役的资格都没有啊！”景公于是总共派了八百辆兵车出发。

由郤克担任中军主帅，士燮为佐上军副帅，栾书统领下军。军政和军赋的部分，由韩厥出任；出动这样的阵容，来解救鲁国及卫国。臧宣叔为晋国大军开路，鲁国大夫季文子率兵前来会师。

到达卫地时，有人因为犯了军纪，韩厥因此想杀鸡儆猴、整顿军纪，郤克想救下那个人，可是等他赶到时，韩厥已经杀了这个小兵了。这时郤克立即将被杀的人示众。他的仆人就不懂了：“主子您原先不是要救这人的吗？”

郤克说：“我想，通过这样的方式能分担众人对于韩将军杀人的怨怒。”

这个小插曲之后，晋国大军随着齐军来到齐国莘地（今山东莘县北方），这是齐、卫两国的边界处，卫国要进入齐国一定会经过这个地方。

靡笄山下（今山东长清县内）

六月十六日，大军前行来到了齐国靡笄（音机）山下。齐顷公派了使臣来宣战，晋人回应说："晋国与鲁、卫本是兄弟之国，他们来晋国求援，说你们齐国总是欺凌他们，我君不忍兄弟国受辱，派群臣来关照两国。不让晋军长久滞留齐地，打起仗来我们只会前进不会后退的！不必劳驾齐君吩咐！"

"那真是太好啦！晋国大夫们应允作战，我军求之不得。如果你们不许，我也还是会兵戎以见的。"齐顷公这样回应，两军作战的气氛升至最高点。

此时齐国派了勇士高固闯入晋国阵营，拿着石器到处投掷晋军，抓获了晋国小兵还开走他的战车，把桑树连根拔起，绑在战车后面，像游行仪式般踏遍了齐国的营垒，大叫着说："要勇气的可以来买我剩下来的！"

鞌地（今山东济南市近郊）

隔天，齐晋两国大军在齐国鞌地列阵。

齐国这边由邴夏为齐顷公驾车，逢丑父守卫。晋国由解张为郄克驾兵车，郑丘缓为守卫。

齐顷公说："我姑且先灭了这些敌军再来吃早饭。"竟然没有披上战甲就骑马上阵。

晋国郄克被箭射伤了，血一直流到了鞋子上，但他没有停止击鼓，他说："我受伤了！"

驾车的解张说："我从开始时手就被箭射穿到手肘，我折断了箭、继续驾车，血都把车子的左轮染成红色的了。我没敢说我受了伤，你再稍微忍耐一下！"

郑丘缓接着埋怨："开战后，遇到任何险阻的状况，我一定会下去推车，你哪里知道这些事？而现在竟然说受伤了！"

解张说："军队的耳目就是我们中军的旗帜和鼓声，士兵们都以它们为标的。这辆兵车只要一个人就能镇守全军，又怎么能因为受了伤而败坏了国君大事？穿上铠甲、拿起兵器，出来作战本来就应抱着必死的决心；你受的伤不至死，你自己要撑住啊！"他把缰绳用左手拉好，右手接过鼓棒击鼓，战马狂奔，晋国大军追随着主帅的兵车勇往直前。

齐国吃了好一记败仗。晋军乘胜追击，围住了华不注山（今山东历城县东北）整整三圈。

韩厥梦见已死的父亲托梦说：“明天早上打仗时，你要记得避开兵车左右两边的位置！”所以隔天他坐在兵车正中间追击齐顷公的兵车。齐君车夫邴夏大叫着：“快射中间御车那个人，他是个君子！”

谁知顷公回说：“你说他是个君子却又要射他，这是无礼的。”于是顷公拔箭射下了韩厥车上左边的人，又射了右边的守卫；左边的人坠落车下，右边的人死在车子上。晋大夫綦毋张弄丢了他的战车，向韩厥请求：“请让我搭您的车！”本来想站在韩厥的左边或右边，却被韩厥用手肘触碰，让他站立在自己的身后。接着韩厥低下身子，将被齐军射死的车右尸体放稳。

逢丑父怕顷公被擒，趁着韩厥不注意的时候和顷公换了位置。在华泉停留的时候，齐顷公乘坐的马车被树枝绊住了，这时逢丑父睡在车子里，被蛇咬伤了，但他瞒着没有讲，却也因此没有办法推车，就被韩厥的车追上了。

韩厥牵制住了驾顷公车的马，对着车拜了拜，又叩了头，奉上了美酒一杯、美玉一块给车内的人。行了君臣之礼后，韩厥对着车内的齐顷公说：“我国国君派群臣为鲁国、卫国请命，还嘱咐我们的士兵不要深入你们的领土。今天下臣不幸，刚好遇上您的兵车，没有可以隐藏遁逃的地方，我也害怕逃走，会成为晋齐两国的耻辱。就让我姑且充当个战士，我向齐君您禀告，我不是个很会办事的人，但是因为人才缺乏只好由我出任此位。如今我既然身在这个位上，我就只好勉强去承担我应该做的事了。”言下之意就是说，“现在我要俘虏你了，多所得罪请见谅了。”

逢丑父让齐顷公下车去华泉取水，齐大夫郑周父驾着副车马上接走了顷公。韩厥一直以为自己俘虏到的是齐顷公，就将“他”献给主帅郄克。郄克知道这是逢丑父而不是齐顷公，就想直接杀了他。

这时，逢丑父大叫：“从今而后再也没有愿意代替君王承担患难的人了！有这样忠诚的一个人在这里，你还要杀了他吗？”

郄克以一种自言自语的方式说：“这个人为了帮他的国君脱险而不怕死，我杀了他是不吉祥的啊！我还是赦免了他，以这种方式来鼓励那些侍奉君王的人臣吧。”于是就放了逢丑父。

齐顷公脱险之后，为了寻找逢丑父，多次在晋军营中出入。每次杀出之后，他总是大力整顿军纪，鼓励那些因久战而萌生退意的士兵。他在狄军出入寻人，狄人还拿出武器和盾牌替他庇护；他在卫军中穿梭，被卫人抓了又放了。他从徐关（今山东临川县西）逃回自己的领邑，就跟守卫城邑的士兵说：“你们请尽力防守，齐军已败！”

军士为他开路，遇上一名女子，问道：“国君脱险了吗？”

齐顷公回说：“脱险了。”

她又问："那锐司徒也脱险了吗？"（锐司徒是古代主管兵器分配的官职。）

顷公回说："也脱险了。"

那名女子就说："既然国君和父亲都脱险了，其余的人也就不能怎么样了。"说完就离开了。齐侯觉得这是个知礼的女子，打听了以后才知道是营中掌管军营四周防御建筑堡垒的辟司徒的妻子，就赐给她一座城邑。

晋军全力追击齐军，大军从齐国丘舆（今山东益都县）深入马陉（音形，今山东县西南）；顷公派遣大夫宾媚人带着"纪甗（音眼）"和"玉磬（音庆）"等珍贵的礼器、乐器及土地，要去贿赂晋国的大夫。如果用这个方法晋国还无动于衷，他也只好任人宰割了。

宾媚人使出浑身解数，晋人就是不肯妥协。后来晋人还提出了这样的条件："一定要以肖同叔子作为人质，而且要将齐国封地内所有的田地改成东西向，我们才会退兵。"

宾媚人一听脸沉了下来，说："你们要的肖同叔子不是别人，正是我们国君的母亲。如果我们两国地位平等，那也就是等于晋君的母亲。晋君发这样的命令给诸侯，却要将国君的母亲押解作为凭信，那对于周天子的命令你们又打算怎么办？而且这样的做法，就是昭示天下：不要孝亲。《诗经·大雅》上说：'孝子不匮，永锡尔类。’孝子的孝心是没有穷尽的，要把这份孝心感染给同类人。如果这样号令诸侯不孝，那你们不也成了无德不孝之徒？

“先王将疆土分封给诸侯管理，按照土地气候来种植合适的作物，借此得到应得的利润。《诗经·小雅》云：‘我疆我理，南东其亩。’我们的疆域我们治理，东西南北自成田亩。今天你晋国干涉诸侯治理土地，全都要改成东西向，只是为了你晋国兵车出入方便，没有考虑齐国土地是否合适，这样应该不合先王遗命吧？违反先王的遗命就是不义的事，还凭什么做天下的盟主？这是晋国的重大过失啊！

“夏禹、商汤、周文王、周武王等古代四圣王一统天下，树立的是德行，并且能够满足诸侯共同的心愿；齐桓公、宋襄公、晋文公、楚庄王、秦穆公等五霸之所以能够立霸业，在于他们不但辛勤努力、安抚诸侯，还能听令于周天子，不敢乱改先王的体制。如今你们求和诸侯，不过就是为了满足你们无底洞般的贪欲。《诗经·商颂》说：‘布政优优，百禄是遒。’能够施行宽和政治的君王，上天会将百福百禄加诸在他的身上的；如今你们实在不宽大为怀，自己选择丢弃了百种福禄，那对诸侯有什么坏处吗？现在如果你们不答应退兵，我们国君也有别的说辞交待给我：‘你们带领晋国的军队来凌辱我国，我们虽然不是很富饶的国家，但也愿意犒赏你们的兵士。我们害怕你们的威权，已经承认失败了。只祈求你们赐福给我们齐国，不要灭了我们的社稷国家，我们两国还是友好关系，因此将先君留下来的珍贵礼器纪甗、乐器玉磬和土地送给你们，你们又不肯答应退兵。事到如今，我们也只好请求你们：让我们将剩余的军队整顿好，背水一战！如果我们侥幸战胜了，也还是听令于晋；如果不幸还是战败，岂敢不听从晋国指令？'”

听了这番誓死的话，鲁成公和卫穆公也纷纷来劝主帅郤克："齐国现在恨死我们了。那些死去的人，都是齐君心腹之人，你现在如果不退兵，恐怕他们会更加憎恨我们。你还希望从他们那里得到什么？你们已经得到齐国的国宝，我们也都已经把失去的土地都收了回来，现在不但已经免除了灾祸，也已经得到很多的好处了。齐、晋两国都是上天授命的大国，难道晋国一定会得到永远的胜利吗？”

晋军接受了鲁、卫两国的意见，决定退兵，“我们率领兵车本来就是替鲁国和卫国向齐君请命的，如今已经得到好的理由可以向我们国君交代了。这是你们的恩惠，我们又怎敢不遵从呢？”

于是当年七月，齐晋签下盟约，齐国将汶阳归还给鲁国。晋国的郤克、士燮和栾书三位主帅都获得晋景公的赏赐，加官晋爵。

为报“一笑之辱”，郄克却率领六万大军攻齐，有失大国风范。齐顷公盲目乱窜，有失国君之仪；之所以战败，也不只是因为晋国军威鼎盛、晋军主帅忍痛劳苦，更因为齐军粗心大意，只好节节败退。晋人胜仗之后提出的失理要求，也被齐使宾媚人堵得哑口无言；这又是一件“失当”的对比。整个故事围绕着“失”字，是否也让你有些警惕？

晋国胜利的原因除了军队的团结一致、三位主将之间彼此同心之外，如果不是齐顷公的轻敌傲慢，加上齐军逞匹夫之勇，恐怕晋国也不是那么轻易就能取得胜利之机。

这个故事透过齐国女子与齐君问答的小事，也体现出战争中家人分离盼征夫早归的心情。最后特别要提的则是宾媚人的巧辞妙令，让齐国即使身为战败国，却能不失国家脸面，绝不任人宰割的自尊。这是身为一名外使最好的典范：为国家争取最大的权利。

郑国的“子产”将法律刑书刻铸在象征诸侯权力的鼎上，并将它公之于世，这在当时是一项创举；在此之前，法律是操之于许多贵族之手的。但这样的改革，的确很容易引来保守势力的反对。

第 V 部

内部管理

34 | 宫内斗法争权 |

言而无信 | 连称、管至父之乱

这个故事记载了齐桓公即位之前，齐国发生的内乱。

每一个国家都曾发生过内战，特别是在国君刚就任、权力不稳之际，最可能发生动乱。另一种则是“官逼民反，民不得不反”这种状况。乱，或许能反映出国君的政治绩效及私人品德。身为在上位者要是贻人口实，恐怕下场都会十分凄惨。

庄公八年（公元前六八六年）

齐襄公是齐国第十四任国君，是继齐僖公而任。他不是一个明君，经常朝令夕改，国家管理得乱七八糟。襄公派了连称和管至父这两名大夫去齐国边邑葵丘（今山东临淄县西方）戍守。

他们被派去的时候，正是七月瓜熟期，襄公承诺说：“等到明年瓜熟的时候，我就会派人来接替你们。”

一年过去了，边境的日子再苦也总算是熬过去了。这两人想着回京，却左等右盼不见襄公的命令，他们连忙向上请求襄公派人来接替。结果，襄公给他们的回应，竟然是不允许他们回京城了。他们感到生气、愤怒，因此，两人决定谋策作乱，要杀掉齐襄公。

襄公的叔父夷仲年，生了个儿子叫公孙无知，也就是襄公的堂弟。当年僖公很宠爱这个孩子，不论是衣服、赏赐等待遇都和嫡长子襄公一样，襄公当然对这个堂弟不满。等到襄公即位，他立刻就贬斥公孙无知的薪饷，这件事，反而变成了连称和管至父的好借口——他们光明正大地拥立无知，进行叛乱。

连称有个堂妹是襄公的妾室，一直不受宠。如果她愿意帮忙，将是最称职的间谍，于是连称就把公孙无知的话带给她：“如果我当了国君，我就封你为夫人。”他们让她就近监视襄公的行动。

这年十二月，襄公到姑棼（在今山东博兴县一带）游乐，在贝丘（在今山东博兴县南方）狩猎。突然看见一只大山猪猛盯着襄公看，随行的人不知是谁，就喊了声：“那是公子彭生啊！”襄公一听到“彭生”这个名字，马上发狂似的射杀那只猪，嘴里还嚷着："彭生怎么可能敢在我面前出现！"山猪受了箭伤，全身直立起来，发出痛苦的嚎叫。襄公见状，心里十分害怕，竟然从车上摔了下来，摔伤了脚，还弄丢了鞋。

齐襄公为什么这么害怕公子彭生？

这就要把时间追溯到八年前。

桓公十八年（公元前六九四年）

齐襄公有个妹妹，名叫文姜，嫁给了鲁桓公为夫人。两国联姻，本来也是美事一桩。文姜和桓公感情很好，但她与哥哥襄公的感情似乎"更好"——他们乱伦通奸。桓公原本是不知道这件事的：如果他没有违反礼制，和夫人无事相偕到齐国游玩的话——古代的国君不能随兴出国，桓公这么做，或许可以说是"违礼致祸"吧！而且招来的，还是杀身之祸。

桓公夫妇在齐国的泺（音落，位于今山东济南市西北方）和襄公相见甚欢。襄公和文姜两人这么久没有碰面了，彼此想念得紧；就在桓公不注意的时候，他们两人又通奸了。

这一次，桓公虽不是捉奸在床，但自己的老婆有异状，总还是会发觉的。他知道了他们两人通奸，就责备了文姜，文姜就把这责骂的事告诉了襄公。襄公心疼文姜挨骂，耿耿于怀。他找来了国中同姓贵族公子彭生，指使他找个时机动手杀了鲁桓公。

四月初十，襄公设宴招待桓公。他故意让公子彭生帮助桓公登车，同时对彭生使眼色。公子彭生是个力大无穷的人，他在帮助桓公上车时用力挤压桓公的肋骨，可怜的桓公，就这样死在车子里。

国君不明不白地死在国外，鲁国人照理说应该愤怒才对。可是即位的鲁庄公无能，明知害死父亲的主谋就是齐襄公，却不敢为父报仇，他甚至还不敢破坏齐鲁之间的友好关系，只要求将下手的公子彭生杀了。

齐襄公为了平息鲁国悠悠之口，直接就杀了公子彭生。可怜的公子彭生，就这样成了替死鬼。

时间再回到庄公八年。

襄公觉得愧对彭生，加上心虚，自然就容易杯弓蛇影了。他还惊魂未定，回宫后，就找来叫作“费”的小臣询问他鞋子的下落。费找不到他的鞋子，他气得将费鞭打得遍体鳞伤。这大概也是他恼羞成怒的表现吧。费被打后，就跑出了宫门，不巧却刚好遇上了那些作乱的人。作乱者见到他，立刻将他捆绑起来。费一看大概知道是怎么回事，于是就利用身上的新伤，“你们看这伤，是国君打的。我哪里是抵御你们的人呢？我怨恨他都来不及呢！”看到费皮开肉绽的鞭痕，叛乱分子全都相信了他的话。

他就请这些作乱的人让他先进宫去打探消息，他的身份一定可以自由在宫中进出的。这些人也同意了。进到宫里，他先将襄公藏了起来，再把宫内都打点好，走出门和这些人决斗。一个小臣，当然要不了多久就被这群叛乱分子砍成肉酱了，他们就这样杀进宫里，将床上的人一剑刺死。

他们掀开被褥一看，发觉杀死的，竟然不是襄公，而是他身边的小臣假扮的。他们又开始地毯式搜索，这次，非得杀了襄公不可。躲在门后的襄公，吓得全身发抖，竟然在此时把脚露在门下。也是大限已到了，他被这群作乱的人从门后拖了出来，一刀砍死。

这些人，就拥立了公孙无知为君。

后来的齐国，也并不平静。公孙无知隔年就被杀，齐国一直到公子小白回国即位，才算太平。

事实上，连、管两人的作乱，也绝对不只是因为齐襄公的言而无信。只是刚好，襄公的作为提供了他们一个作乱的理由。这些人物中，最无辜的就是鲁桓公了；他娶了个置他于死地的老婆。而公子彭生则是一命偿一命，没什么值得同情的。值得一书的是襄公身边的小臣费：不知该说他忠呢，还是说他愚；襄公如此不尊重他，甚至拿他当出气筒，他竟能为襄公战死，这样以德报怨，也算是很高的节操了吧。

35 | 整饬内政 |

晋文公归国 | 重振晋国

刚取得王权，一切都百废待兴，宫里宫外都需要一段时间才能安定——自然，也少不了“反对党”，而这也正是晋文公接下来要整顿的事。这个时候的他，年岁虽小，却也深具智慧。处事上虽难脱去贵族公子的桎梏，他的贤明与包容却已展现，因此成就了一代明君。

僖公二十四年（公元前六三六年）

子金和郄芮都是晋惠公的旧臣，知道怀公死了，担心文公会迫害他们，于是，他们企图纵火烧文公的宫殿，以求自保。

这个时候，寺人披请求觐见文公。文公不但拒见，还派人责备他："我在蒲城被你追杀的时候，父亲分明让你过了一夜再追杀我，可你当天就到了；后来我在狄国避难，跟着狄君在渭水边打猎时，惠公命令你三天后再来杀我，你在两天之内就到了。我知道你都是奉命行事，可是为何要如此迅速？在蒲城外被你斩断衣袖的那件袍子，我还留着呢！你还是快走吧。"晋文公不知道寺人披见他要做什么，他只是认为，对待当年追杀他的人，留他一条命就已经是宽容了，又何须再见。

寺人披只是冷静地让人转达给晋文公说："我以为您既已回国为君，自然就懂得为君之道，但显然您还不懂，这样的话，您势必还是得遭祸的。自古以来执行君令心无旁骛，本就是为臣的职责；为君除恶，尽最大的力量，是我身为臣子该做的事。你在蒲城是蒲人、在狄国是狄人，那么对我来说，杀了一个蒲人或狄人又有什么关系？今天您即位为君，难道就不会发生当时在蒲或在狄的事了吗？

当年齐桓公被管仲暗杀，他都能放下那样的仇恨，任用管仲为相；如果您选择和齐桓公不同的做法，不愿忘记那斩袖前仇的话，我自己就会自动走开了，何须君王您下令驱逐我呢？如果真是这样，畏惧您降罪的人还有很多，又岂止我一个小臣而已？"

文公听了这番话，明白寺人披话中有话，他立刻召见了寺人披。寺人披把子金和郄芮的计划告诉文公。文公暗防着他们。

三月，文公和秦穆公在秦国王城密会。果然到了三月底，文公的宫里就起了大火。子金和郄芮两个人没抓到文公，就跑到黄河边，秦穆公就用计将这两人杀掉了。

心头大患已除，文公到秦国将夫人怀嬴迎回晋国，这时她已被称为“文嬴”了。秦穆公担心晋国的内部还不能安定，于是派了三千名能干的家仆护送文公回到晋国。至于狄国的季愧，也回到了文公的身边，两个儿子则留养在狄国。

当初，文公要出逃的时候，手下有一个小吏名叫头须，他是帮文公看守宝库的人。重耳奔狄时，他偷了库藏逃走；可是等到重耳要回国了，他将偷来的所有库藏变卖，想办法帮助重耳归国。

重耳当了文公，头须请求面见，文公却总是推辞说他在洗头，不愿见他。于是他就请仆人转达：“洗头的时候要低头，那么心的位置就会反复无常，心的位置反复，想法就会反常，所以国君不愿意见我。留在国中是为了帮国君守住国家，和国君一起出奔是为了替国君奔走服役，两者都是对的啊！为什么要怪罪留在国内的人呢？如果国君这样记着些小怨，那么在他身边要感到害怕的人一定会很多的呀！”文公听了这段话，也就召见了头须。

文公不是一个“只可同甘，不可共苦”的国君；一切政事稳定之后，他开始赏赐这些跟着他流亡了十九年的近臣。其中只有介之推没有向国君提出自己的功劳，所以国君也就一直没有赏赐他。

“晋献公有九个儿子，现在只剩下国君还在世上；当初惠公和怀公在位的时候，晋国内外都不得安宁，可是上天没有遗弃晋国，那就表示一定有一个贤能的君王出现，那个人除了现在的国君还有谁能胜任呢？上天要立他为君，可是那些跟随的人却争着说是自己的功劳，国君今日才能即位，这不是天大的谎言吗？偷了钱财的人叫作盗贼，那么把上天的功劳据为己有的人呢？在下位的人把这些罪过当作是正义的事，而在上位者却奖赏他们，这不是上下交相贼，互相欺骗蒙蔽吗？我没有办法与这些人同朝为官！”介之推这样对母亲说着。

母亲或许觉得介之推有怨怼之意吧，于是说：“不然你也去向国君索取奖赏吧？不求而死的话，又怨谁呢？”

“我既然已经指责了他们的行为，却反而去向国君讨赏，那不是罪加一等吗？我已经对朝政口出怨言了，就绝不会接受他们的俸禄。”介之推倒是很坚持。

“不然，也至少让国君知道吧？你看怎么样？”母亲又再试着鼓励他一次。

“言语本来就只是身上的装饰，而我已决定退隐，又何必借用言辞来装饰自己呢？照母亲所言去做的话，就是追求利禄显达了。”看来，他真是不求回报啊。

“你真的能做到这样吗？如果那样的话，我跟你一起隐居吧！”

于是母子二人就一直隐居到死。

晋文公无论如何也找不到介之推，就把绵上（今山西介休县南）这个地方立为介之推的祭田，他说：“用这个来记录我的罪过，并且表扬善人。”

晋文公虽然只在位九年，却将晋国带领到空前绝后的霸主国地位。通过这个故事，看出了晋文公的“宽容”。他是宽容旧怨，但却不是放纵，所以寺人披救了他。至于介之推，他或许未必是真的“不言禄”，而是对晋文公有所怨愤，而面子拉不下来罢了；也许他是真地以如此高标准来看待群臣争功，他展现了他和他们的不同，但言谈之中却没有掩饰他内心的不平衡。这是晋文公的错，他漏掉了介之推，也才有这段故事；不过他愿意大方承认己过，也不是每一个国君都能够做到的。

36 | 举荐人才 |

祁奚荐才 | 内举不避亲，外举不避仇

一名管理者，必须要有识才荐才的能力，适才适用，才能让组织发挥最大功效及生产力。而在举荐的过程中，如何判断他人及解读员工行为，就是管理者的功课。通过搜集多方资讯后的判断，将一名人才归属到合适的地方，这是学习选才的过程。

这则故事要探讨的正是“客观选才”。只要这个人是适合这个职位的，那么不论他是什么身份，都应该举荐，这正是祁奚所展示给我们的。

襄公三年（公元前五七〇年）

祁奚是晋悼公时期的中军的军尉。他告老请求退休，悼公就

让他举荐接替他职务的人。祁奚推举了“解狐”。这可让大家百思不得其解：解狐是他的仇人啊！他俩可有私怨未了呢。祁奚虽然与解狐有私仇，但他认为解狐正直廉洁，是个可以重用的人。悼公同意了，可是正当要立解狐为中军尉的时候，他却过世了。悼公信任祁奚，便让他再推举接任人选。这一次，祁奚推举了自己的儿子祁午。

此时，担任他的副手中军尉佐职位的羊舌职也在此时病逝，悼公就又问了祁奚的意见。祁奚就举荐了羊舌职的儿子羊舌赤来接任父亲的职位。于是，悼公正式任命祁午为中军尉，羊舌赤为中军尉佐。

人们都因为这件事，称许祁奚是个识才善举贤能者的人。推荐他的仇敌，不是为了谄媚对方；举荐自己的儿子，不是偏爱家人；推举属下的儿子，不是为了上下勾结。《尚书》中说：“无偏无党，王道荡荡。”没有偏向自己亲人也没有偏袒自己下属，在政治上公正无私，说的就是祁奚这样的人。

解狐得到举荐，祁午得到官职，羊舌赤得到官位，立一个中军尉，得举、得官、得位三者都能成，所以才说他是位能够举荐贤能的人。《诗经》上说：“惟其有之，是以似之。”只有自己是贤者，才能够举荐同类，祁奚就拥有这种“内举不避亲，外举不避仇”的品德。

这是一则很短的小故事，这则故事中祁奚的表现值得肯定：只要是他认定了的人才，不管这个人与其是亲是仇，他都能不畏舆论将其摆到适当的位置。相信他是以雪亮的眼光来选才的，这些被选荐上来的人才，必定也能在自己的职位上发光发热，尽到自己应尽之责任。

虽然没有谈及他是以何种方式认定这些被举荐的人是否合宜、符合哪些行为模式所以选择推举他们，但从评论中看出，祁奚是依照他自身的想法来独立评判。也就是说，他以自己的背景、经历来判断，从自己熟识的人中，搜寻和自己类似专才的人，并认为他们能够胜任职位。这样的方式是判断人才的捷径，但也要小心资讯不足产生的刻板印象，才能避免看走眼。

37 | 英雄与非英雄

树大招风 | 晋厉公灭三郤

管理者应当学习“冲突管理”。组织中产生冲突在所难免，理由可能多种多样，如资源、私人因素等，适度的建设性冲突可以让组织充满活力，互动良好；但是过度的破坏性冲突，则不利于组织的发展，会导致组织内彼此恶斗，有损于绩效。

晋厉公面对宠臣和大夫间的冲突，采取什么样的方式解决呢？

成公十六年（公元前五七五年）

鄢陵之战后，晋厉公派遣当时任新军副帅的郤至去向周天子进献楚国的战俘，周天子派单襄公与他对话，谈话中，郤至不停对着单襄公夸耀他的战功。

郤至离开后，襄公就对其他大夫说："这小子大概会有杀身之祸了。此战他的地位明明在七人之下，却认为其功劳高过他的上级军官。大量怨恨聚集的时候，就是祸乱发生的根本。多怨之人是祸乱之根，怎么还能据有官职？《夏书》说：'怨恨岂只在显而易见的地方？隐微之处才更要小心哪！'要警惕细小的怨啊。现在郤至已经将怨弄得如此明显，行吗？"

成公十七年（公元前五七四年）

晋厉公是个骄奢成性的人，身边养了许多近臣，他们地位不及卿大夫高，但是厉公非常宠爱他们。鄢陵战后，他力图改革，换下一些重臣，起用这些自己的人。这些人刚好都和郤氏一族有些恩怨：首先是郤缺担任下军统帅时，借故将副帅胥克撤换，胥克是胥童之父，因此胥童怀恨在心；郤錡抢夺了夷阳五的田地；郤犨和长鱼矫争田，将长鱼矫囚禁，还把他的父、母、妻子三人都绑起来。胥童、夷阳五、长鱼矫，他们都先后得到厉公的信任；只要他们多诽谤两句郤氏，厉公对郤氏一族肯定不再信任。

另外，打仗时，作为中军统帅的栾书，也正因为郤至不听指挥而怨恨他。栾书让战俘楚国的公子茷去诬陷郤至，他告诉厉公说："这次战役实际上是郤至在动歪脑筋，是他召来我们国君，并且说由于东方没有军队、晋军主帅不会全部出动，因此这一战晋国一定会输。到那个时候，他就可以拥立孙周回来当晋君了。”这番话当然全是胡说，公子茷这样说，也是依据当时楚王曾欲赠予郤至一把弓，这样捕风捉影并不会太离谱。厉公告诉栾书这件事，与他讨论；栾书说：“恐怕是真有其事，否则他又何必冒死接见敌军使者？如果国君您介意这件事，不然就派郤至去向周天子禀报时，有没有与孙周碰面商讨不就真相大白了吗？”

此时孙周正好在单襄公那里，栾书又派人暗中设法让孙周接见郤至，厉公派人窥探，证实了两人确实见了面，就认为两人私下串通图谋己位。一切都在栾书的掌握之中。厉公因此痛恨郤至。

总会有压倒骆驼的最后一根稻草的。

厉公和卿大夫、侍女们一起去田猎。他先和侍女们一起去田猎，接着饮酒作乐，让卿大夫们打猎。郤至抓到了野猪，要献给厉公，野猪却被厉公宠爱的小臣抢走了，情急之下，郤至一箭射死了那名小臣。这回厉公大发雷霆，他就打算要发难灭郤氏了。

胥童建议说：“请先除掉三郤，他们家族大、怨恨多。别人对他们怨恨多，那讨伐就容易成功了。”厉公同意了。

郤氏一族听到消息，各自有不同看法。郤錡想要攻打厉公：

“就算我死了，国君也一定有危机。”就来个两败俱伤吧！

郄至说：“人能立足是因为拥有信、智、勇三者。信则不能背叛国君，智则不残害百姓，勇则不兴起祸端。失去这三者的话，谁还愿意亲近我们？人死了还增加别人对我们的怨恨，又有什么用？国君有对我们的生杀大权，我们又能奈他何？如果我们有罪，那早就应该死了！如果我们是无辜的，国君一定会失去民心，如此一来，他想得到安定的天下，可能吗？我们就听任命运的安排吧。我们领受国君禄位，才能聚集亲族；如今我们成党却起兵抗命，这罪不大吗？”

十二月二十六日，胥童、夷阳五等人率八百兵突袭郄氏。混乱之中，长鱼矫刺死了郄犨与郄锜；郄至有感此时不逃走就必定冤死，快步逃走。又被长鱼矫追上，以戈刺死。他们三人被陈尸在朝堂之上。

这场内战，栾书、中行偃也被胥童等人挟持。长鱼矫将二人绑缚，对晋厉公说：“此二人不杀，将来必有忧患会波及您。”

晋厉公在一天之内杀了三名大臣，心有不忍，不愿再痛下杀手。

长鱼矫接着说：“您今日不忍，来日他必忍心杀您。我听说乱在外称为‘奸’，在内称为‘轨’。奸，要用德行来感化；轨，则要以刑罚来惩戒。没有教化就进行杀戮，这不是有德行的行为；臣下逼迫国君却没有被讨伐，没遭到刑罚。德、刑都没有树立，奸、轨就会一起到来。臣请求离开晋国。”长鱼矫就离开晋国，投奔狄国。

晋厉公将栾书、中行偃释放，并对他们说：“我讨伐郤氏，如今郤氏已经领罪受罚了。两位大夫请不要以此次被劫持为耻，还请官复原职吧。”

两人都叩首谢恩，就各自回去了。

处理完郤氏之后，厉公将胥童升为卿大夫。

栾书和中行偃并没有将被擒的耻辱放下。他们趁着晋厉公外出游玩，将他捉拿起来。韩厥和其他大臣不愿参与这项阴谋。当年闰十二月二十九日，他们以胥童引国君作乱为由杀了他。

成公十八年（公元前五七三年）

正月五日，栾书和中行偃派人杀了晋厉公，只用了一车之礼将他葬在翼城东门外。接着两人派使者从周王室迎回孙周为晋君，当时他十四岁，是晋襄公的曾孙。

众大夫在清原（今山西稷山县北方）迎接孙周，他说：“我本没有期望成为晋君，但现在既然已经如此，大概是天意吧！可是人们要求有国君，是为了让他发布命令，立了国君却不听从他的命令，何必要立国君呢？各位你们要我为君在今天，不要的话也是在今天。希望你们恭敬听令，神灵将会赐福给我国。”

群臣听到这番话，纷纷回应说：“这是我们群臣的愿望，我们怎么敢不遵国君之令呢？”

正月十五日，孙周与大夫结盟后进入都城，二十六日，朝拜祖庙，将不合道的大臣七个人驱逐；二月一日正式即位为晋君，后世称晋悼公。

上任之后，晋悼公勤勉朝政，适才适任，百姓没有怨言，国家稳定。他兢兢业业复兴晋国霸业，相较于厉公的无道，凸显出他确实是名良君。

古语有所谓“君要臣死臣不得不死”；但相反地，如果一个国君让民怨四起，加上宠信小人，必然也不得好死。晋厉公灭三郤的风暴，却意外换得一位良君晋悼公，也可以说是因为三方的当事人所造成的破坏性冲突都已经消失，因此国内也就恢复和平了。

厉公宠臣们并没有治理国家的本事，三郤的势力却又已经大于平衡，厉公本人对于三郤产生偏见、嫌隙：当评判人选边站时，他已经不中立了。

另一方面，树大招风：郄至在单襄公那里的表现，着实让人看穿他心中的自大，引来不满声浪，在古代为臣者，这样自然会引来杀身之祸。现今的政治环境虽不像过去般封闭，但类似的事件仍然不断在上演……

38 内部管理的关键❶

子产相郑

郑穆公有十三个儿子，这些后代剩下七个宗族轮流治理国政，世称“七穆”。

郑国位于今黄河中下游一带，是春秋时代的新兴小国。紧邻楚、晋等大国，如果外交上不小心谨慎，可能腹背受敌。国内有政治斗争：七穆时期，只有子产稍让郑国复兴；到了后期，甚至君主大权旁落，国君几乎是被架空的。

如果没有子产，郑国很可能随时有灭国危机。身处这样险恶的政治环境，子产应该怎么做才能扭转时局？

襄公三十年（公元前五四三年）

子产是郑穆公的孙子，是郑国的公族，史称他公孙侨，子产是他的字。

他在郑简公时代被拔擢，这一年被任命为执政大臣，众望所归；地位大约等同于后世的宰相、现今的行政首长。他是春秋时代杰出的政治家、改革者及外交官，被称颂为中国宰相的典范。

本来的执政大夫“子皮”认为子产品德高洁、处世圆融，足担大任，属意要将国政交给他。

但子产却推辞说：“我郑国领地很小，又紧逼大国；宗族权大，也多身处高位。我想，我是没有能力可以治理好这个国家的。”

子皮就说：“由我子皮带领公族们服从你的政令，谁还敢胡来！我认为没有比你更适合的人选了，只要你好好治理国家，就不怕国家小，小国能好好发挥、臣事大国，必然不会再受到威逼，且能得到大国的庇佑，这样国家也就能得到宽解，百姓也一定可以安居乐业了。”

于是子产开始执掌郑国的政权，在他的治理之下，政绩斐然。他让国都和边塞地区各自有不同的风貌呈现，包含了服装颜色、乘坐的车辆，按照尊卑礼制订制了规则。修筑田地疆界和水渠，农舍间每五间编制为一组，相互照应。奖励忠诚俭朴的大夫；惩治骄奢浪费的臣子。曾有位大夫丰卷请示祭祖使用田猎获取祭品，子产不同意："只有国君祭祀才用新鲜野兽作为祭品，一般臣民只要祭品都齐全就可以了。"

丰卷听了很生气，下朝之后就征召兵卒要给子产难堪；子产不愿引起一场腥风血雨，波及无辜，就想到晋国避难。子皮知道了，拦了下来，并且帮着子产将丰卷驱逐出境。于是丰卷只身逃到晋国。此时子产非但不计较，还请求国君将丰卷的田产住宅都保留起来，过了三年的责罚过后就让他回国，并把家产都归还给他。

子产初执政一年的时候，人民都唱道："把我的衣帽没收藏起来，把我家田地查编围起来。谁想杀死子产，我愿意与他一起去葬了他的骨骸！"

但是当他执政了三年之后，郑国人人都唱道："我有了子弟，子产帮我们教育；我有了田地，子产教我们栽植。万一子产不幸身亡，谁能够来代替他呢？"

襄公三十一年（公元前五四二年）

鲁襄公在这年辞世，子产陪着郑简公到晋国进贡参访。晋平公因为鲁襄公故去的关系，一直没有接见，所以郑国一行人就只好一直住在接待外宾的宾馆里。不久，子产就命人将宾馆的城墙拆了，把马车开进宾馆中。

晋国大夫士文伯就责问子产说："我们国家因为政事刑罚没有整治好，盗贼蜂起。且各诸侯关爱我国，经常亲临慰问我们国君，我们国君对盗贼防不胜防，只好将阁下你们所住的这个宾馆好好修缮，把城墙建得厚实，大门制得很高，让来访的外宾能无身家性命之忧。可是今天子产你毁坏了我们的围墙，虽然你们的随从能够戒备，保护你们的安全，但是以后其他国家的宾客如果没有像你们武功这么高的随扈，那可怎么办才好呢？

我国国君身为诸侯的盟主，有义务修缮宾馆，接待并保护来访的宾客，如果各国都像你们这样践踏毁坏我国围墙，那我们以后拿什么来提供来宾的生活起居？我国国君特地派我来询问、请教一下。"

子产说："我国是个小国，处在大国之间，不定时地要进贡财货给你们。这次我国国君一点也不敢怠慢，搜遍全国找寻适合进贡的物品，亲自来贵国朝贡。不料碰上贵国国君国事繁忙，没有空接见我们，又一直没有接到指令，不知道什么时候才能见到国君一面，不敢贸然献上贡品，又不敢放任这些物品在宾馆外日晒雨淋。呈上嘛！这些财货自然就收编你们国库，可是没有一定的仪式，我们是不敢随意进献的。任它们在外头曝露，又怕风吹日晒弄坏了贡品，这可是会加重我国的罪责的。

曾经听说以前晋文公为盟主的时候，他自己住的宫室十分简陋，没有可观景的台榭，但是他却将宾客的宾馆修筑得富丽堂皇。就好像君王住的寝宫一样，不但仓库马厩都修缮良好，外围的道路也平整好走，泥瓦匠更是时时都将馆内墙垣粉刷得洁净透亮。诸侯外宾来时，就将庭院周遭的灯火点上，还有仆人巡视馆内外，确保安全；车马有安置的地方，宾客的随从也都有人随行服侍，管理车辆的会帮车轴点油，看管马匹的、整理庭园整洁的，都各自将宾客的生活起居照顾得无微不至。

文公从来不拖延宾客的时间，也没有因此耽误国事；他总是和宾客同忧共喜，遇到宾客有难处就安抚他们、宾客有不懂的事他也亲自教导、更是体恤扶助经济不足的宾客。宾至如归，还担心有什么灾祸？当然也就不用忧心盗贼，也不需要担心宾馆环境是否宜人，有没有过度潮湿或干燥。可是今天晋君的别宫在数里之外，我们这些诸侯国住的宾馆却像是奴隶住的房舍，不但马车开不进去，也不能翻墙进去。如您所说，现在贵国盗贼横行，加上天灾难防；晋君不知道什么时候要见宾客，召见的命令也不知道要等到什么时候。如果我们不拆毁围墙，这些要敬献的贡品就没有地方可以放置了，如果有所损坏，反而就更加重我们的罪过了。

请问执事您今天来有何命令要传达给我们呢？虽然贵国国君遇到鲁国国丧十分难过，但这同样也是我们感到难过的事。如果能早日将这些财货献到贵国国君跟前，我们非常愿意将围墙整修好再离开，当作是报答国君的恩惠，我们是一点也不怕辛勤劳苦的！”

士文伯将子产一番话在上朝时做了汇报，大夫赵文子说：“是啊！子产说得对，是我们不修德行，用奴隶住的屋子来接待诸侯，这是我们的不对。”晋君于是让士文伯再去向郑简公及子产赔不是，接着以诸侯大礼宴请接见他们，并让他们带了更丰厚的谢礼回到郑国去。最重要的是，子产促使晋君着手建造了接待宾客的宾馆。

人才选拔的洞见

子产“择能而使”也是历史上有名的。

他能识人，因此善用人才的长处。在他的运筹帷幄下，政事很少失败过。他知道冯简子善于决断大事；子大叔文采很好，善于应酬；公孙挥消息灵通，能知四方又善辞令；脾谌（音必臣）是个谋划之才，可是城都内的谋略他不擅长，他比较专长于对外的谋议。

因此郑国只要遇到外交上的事，子产就向公孙挥询问，并且让他起草外交辞令；和脾谌乘车到野外进行策划；再将结果让冯简子审理决断；最后交给子大叔执行，以应对交往诸侯及宾客。

还有一件事也是关于他选才、爱才的标准。

推荐他为执政大臣的子皮，和子产商议着想让尹何来当子皮封地的官。

子产说："尹何还太年轻，不知道能不能胜任。"

子皮为他辩驳："这个孩子忠厚老实，我喜欢他，我相信他不会背叛我。让他学着，以后就知道怎么治理封邑了。"

子产说："千万不要这么做。喜欢一个人就应该谋求对他有利的事；今天您因喜爱这个人，就将政事交给他，就好像他不会拿刀却让他去割东西，这样他一定会伤害到自己的。如果您爱护一个人却是让他去自我伤害，那么谁还敢求得您的喜爱？以房子来比喻郑国的话，您就是郑国的栋梁，如果栋梁垮了，那么依附梁柱最基层的椽（音原）子也会崩塌，而我也将会被压在最底下，所以我一定要把话说完。您有美丽的绸缎，但这总不能让完全不会裁缝的人拿去练习裁剪吧？

重要的官职、封邑，这是守护您的，也是人民依赖您的；您让不懂的人管理。这应该比绸缎重要许多吧？我曾听说已经学习完成的人去当官，但没有听过把当官当成一种学习。如果真的这么做的话，一定会带来危害。好比野外打猎的技巧，当一个人将射箭、驾车的本领都熟练了，则外出田猎必能满载而归；可是一个人根本就没驾过车、射过箭，他在车子上只会担心翻车压人的问题而已，哪还能发现野兽的踪影呢？"

子皮听完，大为赞赏：“说得好啊！果然是我不够聪敏。听说君子眼光看得远，思虑周全；小人鼠目寸光，只知眼下事。我果然是‘小人’，衣服穿在我的身上，我知道谨慎爱惜它；官职、封邑等能庇护我、作为安身立命基础的，我却疏远怠慢它。没有您的一席话，我是不能明白其中的得失道理的！过去我认为您来治理郑国，我只要将我的家族治理好就可以了，今天才知道那样是不够的。现在请让我向您请求，今后即便是我家中大小事，也全听您的意见！”

子产说：“人心有各种面貌，分别不同，如同每个人的脸孔长得不一样。我又怎么敢说您的面貌长得像我的一样呢？只不过是我认为危险的，所以才斗胆告诉了您。”子皮认为子产忠诚可以信任，于是便将政事全权交给他了。

不毁乡校

郑国人在子产的治理之下，百姓富庶、生活自在，文人在乡校中聚集时，还能就施政的得失高谈阔论。郑国大夫然明建议子产将这些乡校废除。

子产不但不毁乡校，还说："人们工作完了可以在乡校里游玩，当他们议论觉得施政好的地方，我可以保留持续执行；他们谈论到施政不良的地方，我可以好好改进。这是我施政的老师啊！为什么要毁去呢？我听说忠于善的就可以减少怨怼，不曾听过威逼恐吓可以防止怨言。靠威势难道不能让人们迅速闭嘴吗？可是就像防治河川一样：一旦大水决堤了，那么伤害一定更大，那么届时我一定无法收拾；不如留个小出口，让这水慢慢疏通；并且我可以将我所听到的议论，当作是治病的良方啊！"

然明听了之后，心头一震，说："我现在才知道您确实是可以成大事的人才！听完这些，我感到惭愧！郑国能够得到您的治理，长此以往也必然能够强大起来，整个国家都有依靠了，这岂是只有利于我们这些人而已呢？"

孔子听了这段对话，也赞扬子产："从这件事来观察子产，如果有人说他是个不仁之人，我是不会相信的。"

子产虽为弱国执政，外交上却从没有丢失国格，这是归功于他有清楚的价值观与高明的手腕。他在晋国拆了人家宾馆围墙，反过来晋国却还跟他道歉；因为他有理。外交上他的原则是绝对坚持，不容许被挑战。也是这样，一点一滴建立了国际地位。

他接手郑国国政的时候，就很清楚自己国家的状况，因此他对症下猛药：制定完善的制度、适才适用、不畏威权、善用舆论。他同时也是个有远见的人，为了改变贵族豪奢之风，他不惜得罪、放逐他们，丰卷就是一个例子；但是这件事如果没有子皮相助，恐怕子产硬碰硬也会流亡国外的。不过，谁知道这是否也是子产测试子皮的心思之一呢？

作为一个政治家，他将权术运用自如，但其前提是：以爱民为基础——这是子产能够成功的另一个理由，就是他能不畏舆论，还能听取这些流言中可以为政所用的建议。在子产强有力的执政之下，就是大国如晋、楚也奈何不了他。因此孔子称赞他为“古之遗爱”并为他的仁政感动，实至名归。

39 | 内部管理的关键❷ |

晏婴小传

晏婴是春秋时代了不起的贤相，为人廉洁正直，时时关注百姓的需求。本节从《左传》中，特别挑了几段晏婴的事迹；在这些故事中，晏婴也已经预言了春秋时代即将结束，战国的争霸将紧接着揭开序幕。

“英雄造时势，时势造英雄。”时代不是自己能够选择的，但是你可以选择如何应对你的时代。领导者治国的能力，和辅政者有莫大的关系，这些人决定了将国家带往什么样的境地。古代是世袭制，即使有贤相如晏婴的辅政者，也不一定能出现一代明君；尤其是在末世乱相之中求生存，人人但求自扫门前雪，睿智的晏婴会用什么样的方法，逼迫国君正视百姓苦难，与苍生站在同一阵线呢？

晏婴与叔向谈论齐晋国政

昭公二年（公元前五四〇年）

夏天，齐国将少姜嫁给晋平公做侧夫人，少姜很讨晋平公欢心，称她为“少齐”。不过她嫁过来不到半年，就过世了。她是晋平公的宠妃，所以晋平公逾越礼数，为她举行的葬礼规模超过了嫡夫人。

这样的做法，让诸侯有些不知所措。晋国仍是诸侯盟主，这么做岂不是带头不遵礼法？再者，齐国送去的女子得宠，有了这样的甜头，齐国难道不会食髓知味，再送一名美女到晋侯怀中，以巩固两国和平吗？

昭公三年（公元前五三九年）

果不其然，齐景公派遣晏婴让齐国再送一名女子给晋平公为继室。他说：“国君让晏婴来的时候说：‘寡人愿意侍奉君王，朝夕不倦。将要奉献的礼物，定时奉上。只可惜国家多难，所以不能亲自前来。先君的嫡女，在晋侯您的内宫侍候着您，这照亮了寡人的希望，只可惜她无福消受，年纪轻轻就香消玉陨。

寡人感到失望。您若没忘记与先君的交好，愿意再顾念齐国，屈就与寡人和睦；邀福于我祖先姜太公、丁公，用您的光辉照耀敝邑，能安定镇抚我们的社稷，那么还有先君嫡女及其余姑姐妹若干人，您如果没有放弃我们，还请派遣使者前来慎重挑选，以充您后宫姬妾，这是寡人的一点希望。'”

于是晋平公就让大夫韩宣子派叔向前去齐国提亲：“这是寡君的愿望。寡君不能独自担当国家大事，一直都没有正妻。现在正在服丧期间，所以不敢请求。君王您有这样的命令，是我国无上的恩惠。如果能够加惠顾念敝邑，安抚我晋国，施恩于晋国内主，不只是寡君，群臣都会感受到您的恩惠。大概晋国始祖唐叔以下，都认为这是荣宠美好的吧！”

订下婚事之后，晏婴留在晋国参加宴会。叔向陪着他参加宴会，两个人聊着。

叔向问说：“齐国现在好吗？”

晏婴回说：“大概要到末世了吧，我也不确定，不过齐国恐怕要归陈氏所有了吧！国君弃百姓于不顾，百姓在无所依靠的状态下全都依附陈氏。过去齐国有四种丈量用的器具，分别是：豆、区（音欧）、釜及锺。四升就是一豆；每一升再加四倍的量就是一釜；每十釜就是一锺。陈氏有三种量器，每一种都比标准量器多出四分之一，那锺肯定就更大了。他们总是以私家大的量器借给百姓，收回的时候却以公家的量器回收。他们将山上的木材运到市区贩卖，价格却没有比山上高；鱼盐蜃蛤等海产，价格也没有比海边贵。

百姓将劳动所得三分之二献给国君，只有一份用来温饱衣食；国君的积蓄多到腐朽生虫，可是老人们却挨饿受冻。国内各个市场中，鞋子的需求量比受过刖刑（即砍去受刑人的左腿或右腿）所需的假脚还要少，因此鞋子贱价而假腿昂贵。

人民生病受难的时候，陈氏会去安慰抚恤；他对待百姓如敬爱父母，百姓自然就像流水一样依附他了。这若是得不到百姓的顺服，是不可能的事啊！箕伯、直柄、虞遂、伯战，他们都是舜的后代、陈氏的先祖；他们跟随着周始封给陈的始祖胡公及其夫人太姬，这些陈氏先祖的护佑，现在陈氏已经在齐国深耕了。”

叔向就告诉晏婴晋国的景况：“是啊，即使是我们公室，现在看来大概也离末世不远了。战马不驾驶战车、卿大夫没有统领军队。国君的车辆没有随侍，步兵的队伍也没有领队的长官。人民都快要饿死了，可是公卿却奢侈浪费。路上到处都可以看到一个接着一个饿死的百姓，可是宠姬的财货却堆积如山。百姓听到国君的命令，就好像听到仇敌的消息一样。晋国八大宗族各个沦为低贱的奴役，政事被少数人掌控，百姓完全没有依靠。不见国君有悔改的诚意，只看到他整日以欢乐来逃避忧虑。公室之权还能有几天呢？古代鼎上刻着铭文说：‘昧旦丕显，后世犹怠。’如果国君从凌晨就开始致力于国政，那后代子孙哪里还会懈怠？可是国君现在都不寻求改变，国家还能长久吗？”

晏婴就问说：“那你打算怎么办呢？”

叔向说：“能怎么办呢？晋国的公族即将穷途末路。我曾听说公室如果要毁灭，其他旁支的宗族会像枝叶一样先落下，再来就是主干的公室凋零了。我这一宗十一族哪！现在只剩下羊舌氏一族了。我膝下又无子，公室没有复兴的可能，现在我只期望可以善终就满足了，哪还敢指望能得到祭祀呢？”

拒建新宅

昭公三年（公元前五三九年）

齐景公一直非常重视晏婴，当初他想要帮晏婴换个好一点的官宅。晏婴是个十分节俭的人，他所住的房子也是邻近市场，低湿狭窄、喧嚣嘈杂、容易脏乱，环境并不好，所以景公想要帮他换一个更加舒适的房子。

晏婴辞谢了国君的好意：“臣的先人住在这里，臣下不足以继承家业，现在这样的房子对臣来说已经很奢侈了。而且现在住在这里，靠近市场，能够方便找到臣所需要的各种用品，已经很好了，哪里还敢劳烦邻里大众为我们翻修房子呢？”

景公笑说：“是因为你住的地方邻近市集，所以可以帮助你了解物价贵贱吗？”

“这么方便的距离，怎么可能不知道呢？”晏婴回应。

景公又问：“那什么是贵的？什么又是贱的呢？”

当时齐景公滥用刑罚，受到刖刑的罪犯很多，所以市场上很多人在卖假腿。

趁这个机会，晏婴也对景公直言进谏：“假腿贵，鞋子贱。”之前他就曾告诉景公说，他曾在晋国与叔向讨论过这个话题。

这再一次提醒了景公，也让景公决定减少刑罚。

有论者即说：“一位仁士所说的话，它所造成的影响有多大！晏子的一句话，让齐景公减少了刑罚。《诗经》上说：‘君子如祉，乱庶揣（音船）已。’是说君子如果愿意将福传出去，那么祸事乱象就会急速减少。说的大概就是晏婴这样的作为吧！”

趁着派遣晏婴到晋国去的时候，景公自作主张，在原住处翻修个新家。等到晏婴出使回国，新宅已经扩建落成。

晏婴感念齐景公的用心，他对新宅拜了拜，接着就拆了它。他将为了扩建新宅而遭到迁徙的邻人的房子重新盖回原样，并邀请了原先的住户回来定居。他说：“俗话说：‘非宅不卜，唯邻是卜。’说的就是我们不需要去占卜住宅，而要占卜邻居啊。这些邻居都已经通过占卜，如果违背了占卜不就是不祥了吗？君子不会去做违背礼法的事，小人则是不犯不祥的事，这是自古以来的制度。我又怎么敢违背呢？”

景公一开始不高兴，本不允许他们回来居住；不过晏婴想方设法，最后托了大夫陈桓子为他请求；陈桓子的妻子是景公的姐姐，说起话来还是有分量的。在陈桓子的帮忙下，景公终于同意了让晏婴一带的住宅区恢复原貌。

晏婴论礼

昭公二十六年（公元前五一六年）

齐国计算出天相有彗星通过境内，古代认为彗星不祥，因此齐景公立即派人准备祭祀祝祷的事。

晏婴对齐景公说："这么做是没有用的，不过是引来更多的欺瞒罢了。天道是不能接受奉承之事的，不能去怀疑他，如果没有犯错，又何需祝祷消灾？更何况天上出现彗星，不正是来去除污秽的吗？国君如果没有污德，又何必祭祷？反之，如果国君德行污秽，那么祝祷又能减轻什么？《诗经》说：'惟此文王，小心翼翼，昭事上帝，聿怀多福。厥德不回，以受方国。'诗经上已经说明了文王处事总是小心翼翼。以光明的德侍奉上帝，因此上帝赐予他许多的福禄。他的德行不违背天命，所以四方国家都愿意归顺他。如果君王您没有做违德之事，那又何必担心彗星带来灾厄呢？《诗经》又说：'我无所监，夏后及商。用乱之故，民卒流亡。'没有什么我能够引以借鉴的了，真要说有，就只有夏后和商。因为他们政治混乱的关系，所以百姓们只好流离失所。如果因为德行混乱而致使黔民流亡，那么即使是祈祷祭祀，也是一点用也没有的啊！”

齐景公听完了晏婴一番言论，心情非常愉悦，不再担心彗星会带来灾祸，当然也就不需要为此祭祷了。

过了一段时日，齐君与晏婴在天子正宫中以闲谈的方式谈论着国事。齐景公大叹：“爱卿，你看看这美轮美奂的屋子！不知道我死了之后，谁会拥有这样的房子呢？”

晏婴战战兢兢地回应：“敢问国君这么问，是什么意思呢？”

景公没有搭理晏婴的问题，自顾自地说：“我想应该会落在有德者的身上吧！”

晏婴顺着景公的话说：“如果像国君您所说的这样，那么应该就是先祖桓公时，奔逃到齐国的陈国后代陈氏了。陈氏虽然没有伟大的德行，但他们对于民众广施恩惠。豆、区、釜、锺等量器，他公田征税时就用小的，对民施舍就用大的。国君您的赋税多，而陈氏的施舍多，民心都归向他，这也是正常的现象。

《诗经》说：‘虽无德与女，式歌且舞。’虽然没有德行可以给你，但也该让你尽情欢声歌唱、欢心起舞。陈氏的作为，已经让百姓为他起舞了。如果您的后代稍微怠惰一些、陈氏没有灭亡，那么齐国肯定就会变成陈国的国家了。”

“是啊，那么这事态紧急，寡人应该怎么办才好？”景公当然知道，所以才头痛找晏婴来商讨的。

晏婴严肃地回答：“只有礼，才能够制止这件事的发生。符合礼制，宗族对于百姓的德泽永远也赶不上国家。如此一来，民众不会任意迁徙，农人也就不会随意挪动。商人和工人不会改行，士人也不会失职。官吏不敢怠忽职守，大夫也就不敢贪污、窃取国家的利益。”

景公叹了一口气：“这些，我想我是不能做到了。但是今后我知道，礼，可以作为国家的基石，用来好好治理国家。”

晏婴接着说：“礼，可以用来治国已经是很久的事了，简直可以说与天地齐寿。君王发令而臣子恭敬、父慈子孝、兄仁爱弟尊敬、丈夫和顺妻子温柔、婆婆慈爱媳妇顺从，这些都是礼。君王发布命令而不违礼，臣下恭敬而没有二心，父亲慈爱而教导后代，孩子孝顺而懂得适时规劝父亲，哥哥仁慈友爱，弟弟尊重而顺服，丈夫和蔼知义，妻子温柔端正，婆婆慈爱能接受谏言，媳妇恭顺而婉约；这都是礼带来的好处。”

景公回应说：“那真是太好了。寡人从今以后，听到礼要更加倍尊崇它了。”

晏婴说："先王从天地之间接受了以礼来治理国家，也为了黎民百姓，所以先王崇尚它。"

从这几段关于外交与国政的对话，就可以看出晏婴的性格与励精图治的能臣形象；隐藏在言语中的国家危机也让老臣暗自神伤。晋国叔向与齐国晏婴两人是英雄惜英雄，棋逢敌手、他乡遇知音，两人在外交上相谈甚欢，也可从两人对话中了解两国的国况：齐国重税、晋国军废。从百姓的生活中就可以看出人民的痛苦指数节节攀升，无奈的是国君看不见啊！

晏婴是个德才兼备的贤相，他并不是只把百姓之苦说说而已，而是真正与他们站在一起。从他拒建新宅可以看得出来，国君为了笼络他，不惜得罪百姓。他只不过对新宅致意，便将房子邻里恢复原貌；这样做其实是在帮助国君：让百姓不要加深对国君的怨恨。晏婴智慧过人的地方在于，他并没有因为这样就失去国君的信任；他很清楚陈桓子可以帮他的忙，让整个事件圆满落幕。

晏婴对国君的劝谏，也是直指核心。国君并非不能接受这些谏言，只是为时已晚，陈国后代势力已经坐大，百姓已经倾心陈氏，即使是晏婴也无力回天了。但是晏婴留下的言论，足以让后世统治者作为治世方针。"不在其位，不谋其政。"同样地，每个人都在自己的职位上尽责，那么这个世界就天下太平了。

40 | 不可轻易动摇的事 |

郑国铸刑书

子产是走在时代前端的人，他知道面对不同的环境要以不同的方式来治理，这也就是他能够成为流芳百世的政治家的原因。所有的事件，从不同的角度出发都会看见不同的面向，有些事就是无法用非黑即白来定论。

子产治理郑国时，不只是郑国，整个国际形势都正在转变、原来的制度正在瓦解。铸刑书，等于是公开了刑罚。这对现今社会而言是再正常不过的事了，因为法律是道德规范的最低标准；但是在古代却不是这样的。子产要怎样完成这样的政策？

昭公六年（公元前五三六年）

这一年三月，郑国子产将法律刑书刻铸在象征诸侯权力的金属制鼎上。子产将它公之于世，这在当时是一项创举；在此之前，法律操之于许多贵族之手。但这样的改革，的确很容易引来保守势力的反对声浪。

不久，晋国叔向就派人送了封信给子产："之前我对你治理郑国一事，寄予厚望，但如今想来，是我错看了你。过去先王在衡量犯罪过错时，从不用刑律来判断；那是害怕百姓心中起争斗之意。如果这么做，还是没有办法抵制恶行，就只好用道义来规劝，用发布政令来纠正，彻底执行礼制，言而守信，奉行仁爱。制定禄位来奖励那些愿意遵从的人，严刑峻法来规范那些放肆无礼之徒。如果担心这样还不能收到成效，再以忠诚来教诲他们，通过他们的行为来决定奖罚，以专业知识和技能教导他们，用喜悦和善的态度对待他们，以认真严肃的态度审查他们，强势威严领导他们，最后用坚决果断的判决来断案。

这样做还不够，还要四处求访圣贤哲人，寻找明察秋毫的官吏，敬邀忠诚可信的长者，以及慈爱和惠的老师；这样人才都备齐之后，百姓才有可能任由驱使，而不至于发生乱事。而现在百姓知道有刑书可以依靠，就不再尊敬长上，不但会起争斗之心，还会征引刑书证明自己的所作所为都是对的，如果让他们侥幸成功了，那时就没有办法挽救了啊！

夏朝时因为有暴民乱政，所以制定了《禹刑》；商朝同样也是有暴徒干政，所以制定了《汤刑》；周朝也因为违犯政令之徒，所以制定了《九刑》。这三套刑法的诞生，都是因为身处在衰微的末世啊！

现在你辅佐治理郑国，将田地水利重新划分，建立会被舆论监督的政权，制定像《禹刑》、《汤刑》、《九刑》这样的刑律，还把刑书铸在鼎上。你想用这样的方式让百姓得到安定，不也是很难达到的目标吗？《诗经》说：‘仪式刑文王之德，日靖四方。’先人让我们效法文王的德行，每日安抚四方之民。又说：‘仪式文王，万邦作孚。’效法文王，就能得到万邦的信赖。既然如此，为什么要有刑书？这不过只是让百姓有了争夺的依据，他们必然会舍弃礼义而征引刑书，来强辩自己做的错事是对的。刑书上写的每字每句，即使是小事，都会被人们尽全力争个你死我活。犯乱的案件会越来越多，贿赂之事也会日渐滋增。至于这一切正确与否，历史自会评断，就留待时间来证明吧。

叔向一封书信，骂得子产狗血淋头。子产又怎么回应呢？其实很简短：

“事实就像您说的那样了。我不是一个太有才干的人，没有考虑到子孙的利益，我只是用来挽救当代的世道。虽不能接受您的建议，但我又怎么敢忘记您不吝赐教的恩惠呢？”

“道不同，不相为谋。”晋国叔向得知郑国子产将刑法公开，担心百姓钻法律漏洞，因此苦口婆心地劝诫了子产一番。叔向是个墨守成规的老臣，他沿袭祖宗体制，也为晋国尽心尽力。但是子产所做的事，价值是不拘于一个时代、一个国家的——他所做的是“开创”。他一心只想安内攘外，所以制定的是只适用于郑国的法令。后来证明了各个朝代都公开法制，这也可以说是子产的功劳。

对于叔向的指导，子产也不想多做辩驳，因为两人立场明显不同，再说下去也只是鸡同鸭讲，既然叔向对于子产的施政没有能造成影响的空间（两人身处不同国家），那么子产也没有必要向他解释；子产只要让对他施政有影响的人了解就可以了，比如说郑国国君。至于这一切正确与否，历史自会评断，就留待时间来证明吧。

图书在版编目（CIP）数据

左传 MBA：40 则人性决策历史课 / 吴易琏著 -- 北京：新华出版社，2016.12

ISBN 978-7-5166-3029-7

Ⅰ．①左… Ⅱ．①吴… Ⅲ．①中国历史 - 春秋时代 - 编年体

②《左传》- 研究 Ⅳ．① K225.04

中国版本图书馆 CIP 数据核字 (2016) 第 300556 号

左传 MBA：40 则人性决策历史课

作　　者：吴易琏

责任编辑：江文军　沈文娟　　封面设计：今亮后声 HOPESOUND pankouyugu@163.com
责任印制：廖成华　　责任校对：刘保利

出版发行：新华出版社
地　　址：北京石景山区京原路 8 号　　邮　　编：100040
网　　址：http://www.xinhuapub.com
经　　销：新华书店、新华出版社天猫旗舰店、京东旗舰店及各大网店
购书热线：010-63077122　　中国新闻书店购书热线：010-63072012

照　　排：今亮后声 HOPESOUND pankouyugu@163.com
印　　刷：北京凯达印务有限公司
成品尺寸：145mm × 210mm
印　　张：8.25　　字　　数：200 千字
版　　次：2017 年 6 月第一版　　印　　次：2017 年 6 月第一次印刷
书　　号：ISBN 978-7-5166-3029-7　　定　　价：39.80 元